The Science of Science Fiction
科幻小说中的科学

[美] 马克·布瑞克（Mark Brake） 著

檀斌林 韦志勇 译

机械工业出版社
CHINA MACHINE PRESS

虚拟现实中的人生、外星文明接触后的社会、因果颠倒过的历史……在无数可能的世界中，是否有一以贯之的信念？当文明进化到手可摘星辰，人类还有未竟的愿望吗？这些也许是每一个科幻小说迷都不禁会问的问题，一直以来，科幻题材作品就备受人们喜爱，在这些作品中有天马行空的想象，也有超越当下的科学技术，让人们忍不住去追问，这些科幻场景在未来是否会成为现实？本书以多部科幻作品为背景，详细介绍了藏在其中的科学原理，涉及物理、天文、基因工程、人工智能等多种科学技术，从科学角度解读科幻作品，揭秘幻想与现实之间的联系，旨在让读者更为深入地了解科幻小说作者的所思所想，了解小说塑造出的科幻世界，从而能够体会到科学之伟力，科学之美丽。

The Science of Science Fiction /by Mark Brake /ISBN: 978-1-51073-936-9

Copyright © 2018 by Mark Brake

Published by arrangement with Skyhorse Publishing through Andrew Nurnberg Associates International Limited

All rights reserved.

此版本仅限在中国大陆地区（不包括香港、澳门特别行政区及台湾地区）销售。未经出版者书面许可，不得以任何方式抄袭、复制或节录本书中的任何部分。

北京市版权局著作权合同登记　图字：01-2022-0789 号。

图书在版编目（CIP）数据

科幻小说中的科学 /（美）马克·布瑞克（Mark Brake）著；檀斌林，韦志勇译 . -- 北京：机械工业出版社，2024.7. -- ISBN 978-7-111-76194-5

Ⅰ. Z228

中国国家版本馆 CIP 数据核字第 2024LF3719 号

机械工业出版社（北京市百万庄大街22号　邮政编码100037）
策划编辑：郑志宁　　　　　责任编辑：郑志宁
责任校对：王小童　梁　静　责任印制：李　昂
天津市银博印刷集团有限公司印刷
2024年9月第1版第1次印刷
180mm×230mm・14印张・201千字
标准书号：ISBN 978-7-111-76194-5
定价：78.00元

电话服务　　　　　　　　网络服务
客服电话：010-88361066　机 工 官 网：www.cmpbook.com
　　　　　010-88379833　机 工 官 博：weibo.com/cmp1952
　　　　　010-68326294　金　书　网：www.golden-book.com
封底无防伪标均为盗版　机工教育服务网：www.cmpedu.com

INTRODUCTION 引 言

这是一段与科幻小说有关的真实故事。

当我还是个孩子的时候,我经常沉湎于大量未来主义的科幻小说。小说内容包括太空传奇、时间旅行、神奇工具和发明的奇闻逸事及人类将来可能拥有的超能力。这些阅读经历对我和我的朋友们产生了深远的影响。它们不仅占据了我们的日常生活,甚至还占据了我们的梦境。它们赋予了我们炽热而丰富的想象力。

我的朋友扎普也同样被科幻小说激发了丰富的想象力。我们的想象力太狂热了,终于有一天,在扎普的说服下,我们几个小伙伴认为自己可以变成超级英雄。如何华丽变身为超级英雄呢?只需喝下扎普用他那神奇的小手调制的"超能血清"。

是的,年幼的我们就是这么天真(或愚蠢)地相信这个源自漫画,经过扎普的想象力加工,又付诸"真实"世界中的神话。我们翘首以盼,满心期待自己变成超级英雄的那一天。但因为等得太久,我们也不耐烦了。"扎普,我们到底什么时候才能成为超级英雄?"我们问他。他说:"别担心,伙计们。我已经搞定了。我正在我爸爸的小床上继续制造超能血清。"

你没听错,超能血清,在他爸爸的小床上,英国的某个廉租房里,风雨飘摇的 20 世纪 60 年代。当然,斯坦·李在 20 世纪 60 年代的漫威超级英雄故事里说的都是像我们这样的普通人。斯坦以强烈的真实感彻底改变了这一科幻类型:脚踏实地的角色们过着类似平常人的生活,但都有着自己的故事。但说到超能血清,在廉租房里他爸爸的小床能做出来?

似乎质疑扎普的说法才是明智的，但是正如尤达大师所说，我们并不明智。我们被即将成为超级英雄的幻想迷得神魂颠倒：在摩天大楼之间飞跃而过，徒手抓住子弹，当然还有美女投来的崇拜的目光。终于，我们等得不耐烦了。扎普还一直信誓旦旦地保证，但都无法兑现。最后，我们就直接要他交出超级血清，现在，立刻，马上！我们想要可以在大楼间飞跃，徒手抓住子弹的超能力。我们跟着扎普回家，在他屋外焦急地等待，直到他"搞出了"超级血清（漫画中的惯常描述是发明家"搞出了"这项发明）。

当扎普昂首挺胸地走出实验室（他父亲的小床）时，我们都屏住呼吸。你肯定好奇他拿着什么东西出来了，是一个光滑的试管，里面装满某种荧光物质，看似是雨果·斯特兰奇（DC 漫画旗下的超级反派）才能造出的超级血清？或者是斯内普教授的魔法药水？还是一个让我们永久变身的大注射器？不，亲爱的读者，扎普从家里出来时只端着一碗普通的水。

失败了！彻底地失败了！想象一下：我和其他小伙伴像绿巨人一样怒不可遏，没喝下超级血清的小伙伴照样获得近乎超级英雄的怒气。经历了这么漫长的等待，等到的却是失望，怒火中烧！我们把那碗水扣在地上，冲进暮色中，幻想破灭了，但我们决心寻找更光明的未来。

科幻的世界

从小时候的超级血清故事开始，我的耳边环绕着一种声音，总能听到小时候读过的故事中的预言能变成现实。如果从小就生活在梦想中，并看到梦想变成了现实，将是多么鼓舞人心！

但这在很大程度上取决于人的视角。举个例子。多年前，我经历了一个震撼我心灵的事件：坐在英国某个咖啡馆里，我仍然可以在手机上实时观看足球比赛转播。我略显激动地对我的孩子们说："瞧瞧，孩子们，我居然可以在手机上看足球！这代表着未来，

引 言

这是科幻小说里的情景！"而我的孩子们则是"少见多怪"地说："不，老爸，它只是一部智能手机。"

我曾经在一所英国大学觅得一个科学传播教授的职位，我开设了多门研究未来的课程，其中一门是关于在太空中搜寻外星人的，另外一门是关于科学和科幻之间的关系的。二者的共同之处都是研究人类在地球和太空中的未来。

作为一名大学科学传播教授，我还为美国航空航天局写了一些文章，并为俄罗斯宇航员组织了巡回演讲，他们是太空旅行的先驱。在这些工作中，我发现人类的科幻小说历史已经有数百年了，比大部分人想象的要长得多。最早的科幻故事就是关于太空旅行的，它们也会出现在这本书中。这些故事来自17世纪初，当时的天文学家发现地球绕太阳运行，而不是太阳绕地球运行。

从那以后，外星人和时间机器、宇宙飞船和半机械人、机器人和世界末日等题材的神奇科幻故事大量涌现。这些故事都有一个共同特点：科学可能影响未来的生活方式。所以本书将主题设定为关于未来的，也就不足为奇了。

我们是生活在科幻世界的第一代人。媒体头条宣称这是智能化的时代。电视上播放的是即将到来的人工智能革命，网上谈论的是火星移民也许成为可能，社交媒体上传言活了一千年的人类已经出现。我们研究的科学，我们看的电影，我们消费的文化都是从幻想变为事实的，是过去的人类想象中的未来，而我们现在就居住在那个未来。

随着智能化时代的到来，科幻小说不再是一种亚文化，而已成为主流。本书将开启你的视野，探索科幻小说如何推动科学，让你看到科幻小说如何助力人类畅想未来，促使人类揭示现实的本质和局限，并构建我们当下所生活的这个由科幻驱动的世界。

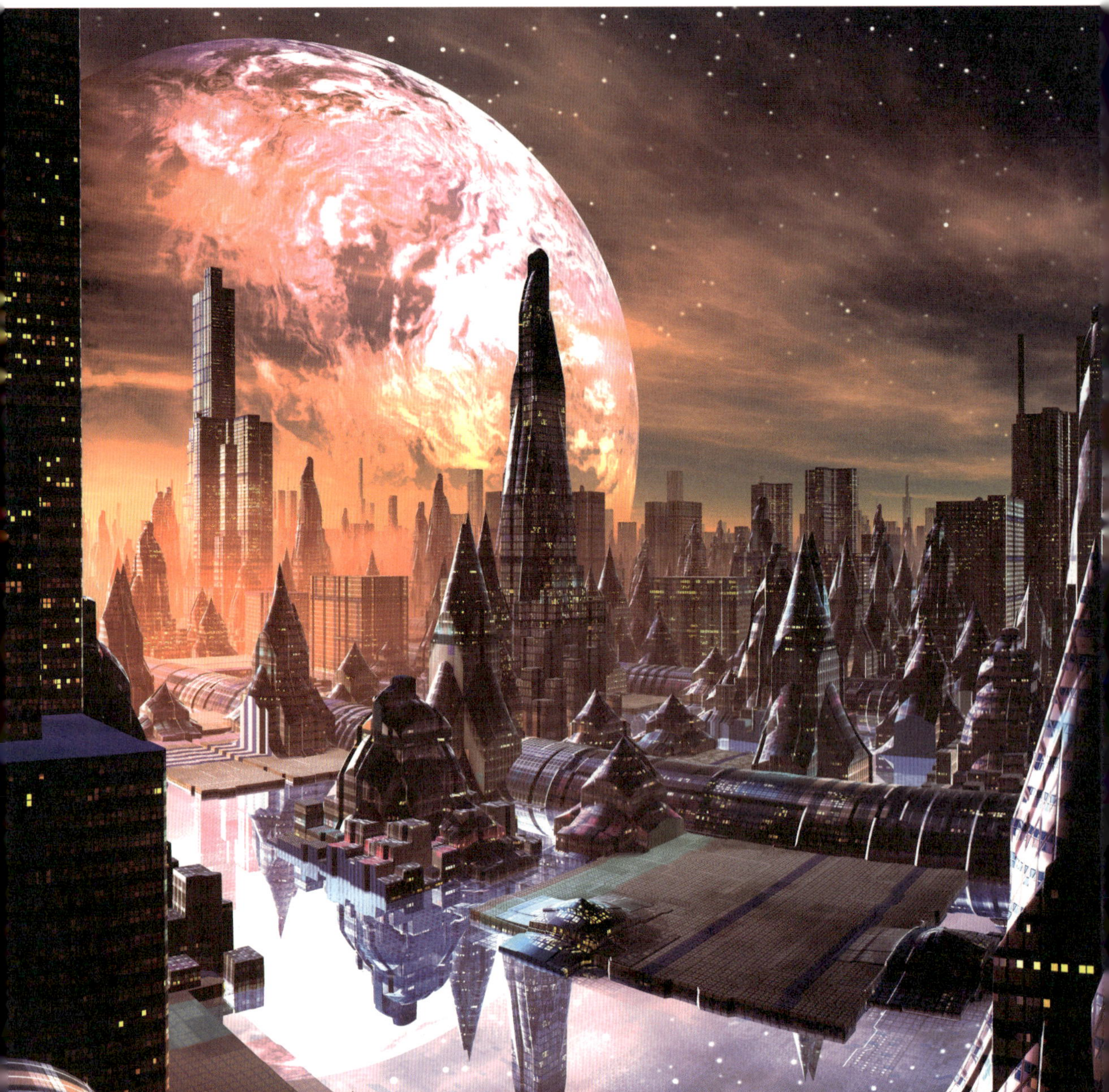

CONTENTS 目 录

引言

第一部分 太空

01 《银河护卫队》：太空中满是外星人？ 005
02 《降临》：人类与外星人相比如何？ 013
03 科幻小说如何把人送上月球？ 020
04 科学应该造出真实的侏罗纪公园吗？ 028
05 维度行者《瑞克和莫蒂》：平行宇宙真的存在吗？ 034
06 《世界大战》：科幻小说如何让人们相信外星人会入侵？ 040
07 《阿凡达》：宇宙中存在其他地球吗？ 048
08 《太空堡垒卡拉狄加》和《星际迷航》：为什么太空战争错得离谱？ 053
09 《火星救援》：我们什么时候可以移民太空？ 060
10 《太空旅客》：太空旅游会让詹妮弗·劳伦斯开心吗？ 068

第二部分 时间

01 《回到未来》：时间旅行可以实现吗？ 079
02 《星际穿越》：时间是如何被视为维度的？ 086
03 《环形使者》：我们造得出时光机吗？ 092
04 《2001太空漫游》：人类历史上有引导进化的证据吗？ 098
05 七件馆藏品中的科幻史是什么？ 104
06 《疯狂的麦克斯》：社会是否会陷入混乱？ 110

07	《少数派报告》与《黑客帝国》：我们会有先知能力吗？	115
08	《光之王》：科幻小说如何欺骗死亡？	119
09	《现代启示录》：科幻小说中带来世界末日的六种方式都有哪些？	124
10	《高堡奇人》：科幻小说对历史有什么看法？	130

第三部分 机器

01	《纽约之战》：科幻小说是如何发明核武器的？	140
02	乔治·奥威尔的《1984》成为现实了吗？	145
03	我们什么时候才能自豪地拥有《银翼杀手》般的飞行汽车？	151
04	《宇宙威龙》：我们什么时候可以在网络空间里度假？	156
05	《变形金刚：绝迹重生》：机器人会取代人类吗？	161
06	《复仇者联盟：奥创纪元》：机器智能何时才能成熟？	166
07	接入虚拟世界：未来会像《头号玩家》一样吗？	170
08	互联网：人类会厌倦纯粹的现实吗？	175
09	《变形金刚：月黑之时》：科幻小说是如何发明火箭的？	179

第四部分 怪物

01	诸神与怪物：人类会进化出超能力吗？	190
02	《杀手》：基因工程能产生超级士兵吗？	196
03	查尔斯·泽维尔教授：未来的人类会进化出通灵能力吗？	200
04	《X战警》：未来会有变种人吗？	205
05	《黑色孤儿》：人类克隆的未来会是什么样？	210

第一部分

太　空

科 幻 小 说 中 的 科 学

The Science of
Science Fiction

科幻小说中的科学

这是《异形》中所描绘的"没有人能听到你尖叫"的地方;这是《星际迷航》中"最后的边疆";这是《阿凡达》中的潘多拉王国。这是千千万万个可以居住的幻想世界。很多时候,太空主题是关于人类征服和掌握宇宙浩瀚的星际深处的外在冲动,比如柯克船长的经典动作、星球大战或其他太空电影中的舰队和飞船。在其他小说、电影里,太空就像《异形》中那样浩瀚无垠,冰冷无情,或者像《星际穿越》中的那样,巨大虚空,让我们永远无法接受。太空,除了冷漠,别无他物,就像《火星救援》中所描述的那样。它在提醒我们:生命非常脆弱,非常宝贵,也很顽强。很大程度上,宇宙没有人性,也人迹罕至。

H.G. 威尔斯是科幻小说界的莎士比亚,他在 19 世纪末写的《世界大战》是科幻小说的鼻祖。威尔斯描绘的火星人是未来景象的征兆,是太空来的第一批特工,也是来自太空的第一个威胁。威尔斯笔下的火星人来得正是时候,他们提醒人类:我们可能并不处在宇宙进化阶梯的顶端。

外星人是科幻小说中最伟大的发明之一。这里描述的外星人,出现在太空主题之下,而不是出现在怪物主题下,原因有二。首先,科幻小说经常把外星人描绘成大自然的动画版,例如《阿凡达》中的纳威人,《降临》中的七足动物。其次,科幻小说中的怪物主题关注的是人类的状况,正如我们所看到的,是人类内心的怪物。

大多太空题材的科幻故事都可以理解为一种摆脱人类局限性的渴望。地球仿佛是人类的牢笼。这也是为何科幻故事通过描写神奇的太空旅行,探索宇宙的奇观和隐藏的恐怖,进而与外星人产生接触。事实上,太空科幻故事常常是探险者游记中对地球上失落

第一部分 太 空

或被遗忘的土地的延伸。

太空主题展示了科幻小说和科学之间极大的相似性，科幻小说对现代科学和文化产生了巨大的影响。科幻小说是探索想象中的世界这门理论科学的思维机器。科学家们建立起想象中的世界的模型，而后在其中测试他们的理论。爱因斯坦正是因此而成名的。例如，他的思维实验产生了狭义相对论。科幻小说作家同样是在探索想象中的世界，但范围更广。科学家需要遵守有界定律。科幻小说作家则不受这种限制。但我们可以发现"如果"这个小精灵在科学和科幻小说中都很常见。

许多例子表明，科幻小说提出的理论对当时的科学来说过于超前，但后来又被证实是具有预言性的。太空主题中就有不少极好的例子，如太空旅行、系外行星、月球人类等。然而，重要的是要记住：科学的正确性远比追寻科学过程中的惊奇感和冒险感重要。

科学和科幻小说共生现象随处可见，这其中最好的例子便是太空生命，或者说是太空生物学。科幻小说中很多内容都认为有存在外星生命的可能性。大部分硬核科幻小说主要由两门科学组成，即物理学和生物学。从历史上看，物理学出现得更早。哥白尼早在 1543 年就提出将宇宙中心从地球转到太阳。仅仅一个多世纪后，艾萨克·牛顿构建了一个"世界体系"，这是人类首次尝试创造出"万有理论"。因此，从开普勒的《梦境》到 H.G. 威尔斯的《世界大战》，早期关于外星生命的想象描述大多基于所讨论的物理学。简单地说，这一论点是基于宇宙中的恒星即使没有数十亿颗，至少也有数百万颗，理应存在很多具备生存条件的星球。这一推理链条与充分性原则非常相似：一切可能发生的事情都会发生。我们也由此可推导出，在生命可以存在的宇宙中，许多行星会生存着长有昆虫的大眼睛的怪物。此后很长一段时间内，物质的物理性质一直是科幻小说的主要兴趣点，没有涉及生物学。恒星和围绕其运行的行星数量之多足以表明，其他类地星球上的生命正在浩瀚的深空中等待人类去发现。这种观点反作用到科学领域，到了 20 世纪，整整一代科学家都投身其中，并花费巨资认真寻找外星生命。

与此同时，直到 20 世纪下半叶才出现了统一的生物学理论，这套理论整合了生物学的各方面成果，并被绝大多数业内生物学家所接受。这一进化整合论为探讨外星人是否存在提供了全新的视角。生物学家对存在复杂的外星生命形态（更别提进化出智能）的可能性更多的是持怀疑态度。他们的结论是：人类在宇宙中可能是孤独的。所以，还是沉浸在科幻小说的太空主题，去探索失落的世界、量子宇宙、类地行星和人类在宇宙中的未来吧。

01

《银河护卫队》：
太空中满是外星人？

在今天活着的每一个人的背后都有三十个鬼魂，30:1——正在死去的人与活人的比例。自从混沌初开以来，约有一千亿人曾在地球这个行星上留下了他们的足迹。这是一个有趣的数字，因为在我们这一部分的宇宙——银河系里恰好也有一千亿颗恒星。这样，世上有一个人，天上就有一颗星。这真是奇异的巧合。

但是每一颗这样的星星都是一个太阳，而且常常比我们称之为太阳的、靠近我们的小恒星更为光辉灿烂。许多——或许是大部分这种天外的太阳都有行星环绕它们转动。因此几乎可以肯定，在天空中可以为每一个人，连第一个人猿都包括在内，找到一个像我们这个世界一样大的天堂——或者说是地狱。

在这些潜在的天堂和地狱中，有多少已经有了自己的居民，这些居民是什么样子，我们连猜都没法猜。它们中最靠近我们的也要比火星或金星远数百万倍。而连火星和金星也仍是下一代人的遥远目标。然而，距离的阻隔正在崩溃，终有一天，我们会在恒星中碰上堪与我们匹敌或者比我们高明的生物。

人类很晚才敢面对这一前景。有些人仍希望它不会变成现实。但越来越多的人则提出这样的问题："既然我们本身即将进入宇宙，为什么这样的会面迄今仍未发生？"真的，为什么仍未发生？对于这个合情合理的问题，本书是一种可能的回答。但请读者谨记，这不过是一部幻想小说。现实常常还要比它奇怪得多。

宇宙中到处存在外星生命的观点催生了众多电影中的经典台词："在太空，没人能听到你的尖叫""我们并不孤单""很久以前，在一个遥远的星系""真相就在那里"，当然还有"你只有一次机会再次拯救银河系"。科幻作家和导演们为如何描绘其他星球的生物绞尽脑汁，饱受煎熬。雷德利·斯科特的《异形》中充满掠食性和占有欲的母体，史蒂文·索德伯格的《索拉里斯》(2002)中能够起旋涡又智能的海洋和乔治·卢卡斯的《星球大战》中语言奇特、睿智、仁慈的圣人，这些展示的是三种截然不同类型的外星人：高度进化的掠食者型外星人，海洋行星型外星人以及睿智导师型外星人，虽然他们中有的长得像个木偶而缺少一点庄重。

漫威宇宙中存在大量的外星种族。以至于一群之前在星际游荡的形态各异的亡命之徒组成了银河护卫队，联手保护银河系免受其他星球的威胁。

银河护卫队中的银河委员会是由来自宇宙

第一部分 太空

中不同星球帝国的领导人组成的，其主要种族有克里人和斯库鲁人，他们领导着几十个稍小的外星种族。大多数外星种族是人形的，但偶尔也有怪异的种族，如某个种族就长着章鱼脑袋，绿皮肤，三趾爪足，两边肩膀各长有三只触手，而不是手臂，还有密密麻麻的针状牙齿，吃星际汉堡的样子狼狈不堪。但是，如果你觉得这些想象很新奇，就去探究一下外星人在人类的想象中出现了多久吧。

在各种科学新发现的推动下，科幻小说一直在为许多行星召唤外星人。事实上，召唤外星人的历史比你想象的要长得多。以意大利天文学家伽利略和德国数学天才开普勒的关系为例。受益于伽利略的天文发现，开普勒是最早畅想外星生命的作家之一。开普勒在 1634 年出版的开创性的科幻小说《梦境》中明确了跟踪书中人物的是外星人而不是人类，它们是某种长相似蛇的生物，其适应月球上的生存环境，但非常怪异，神出鬼没。因此，在达尔文提出"适者生存"的进化论之前的两个多世纪里，是开普勒首先认识到了生命形态与栖息地、科学与科幻之间的联系。但一般来说，在 19 世纪末，科幻小说真正突飞猛进展开创造性的想象之前，外星人通常不会被描述成真正的外星人，而仅仅被认为是生活在其他星球上的地球人和动物。

达尔文改变了这一切，从根本上说是达尔文的进化论催生了外星生命的概念。

达尔文的进化论给畅想生命在其他星球和地球上的演化提供了科幻想象依据。从达尔文开始，外星生命的概念才真正涉及外星生物的生理和心理特征，而外星人的概念也深深植根于公众的心中，因此最深入人心的外星人的形象是在达尔文的著作之后才出现也就不足为奇了。具有奇特生理学和智力特征的外星人的出现在很大程度上也要归功于 H.G. 威尔斯对达尔文的第一次大挑战：威尔斯写于 1898 年的火星人入侵地球的小说《世界大战》。威尔斯塑造的火星人是太空来的特工，是冷酷的自然进化力量，也是人类面临的首个来自太空的威胁。威尔斯描写的火星人是入侵地球的种族灭绝者，意欲在地球上殖民，他们的影响如此深远，以至于在 20 世纪，邪恶的外星人渐成陈词滥调，但仍然能刺激人们的神经。比如，在让人汗毛竖立的电影《异形》中，潜伏在"诺史莫"号飞船上的恐怖异形，《神秘博士》中的戴立克那蜷缩在特殊金属制作的外壳中类似于章鱼的长满触手、有一颗大脑和黄色独眼的有机体，以及《银河守护队2》中超现实主义的开场，在声光乐队（ELO）演唱的《蓝天先生》的配乐中吃掉德拉克斯的外星人。

随着科学的进步，特别是生物学的进步，早期的作家对外星生命形态的想象力变得更加丰富。1872年，在达尔文发表《物种起源》后十几年，随着法国天文学家卡米伊·弗拉马利翁著作的出现，进化论开始进入太空。他写的三个关于无限的故事巧妙地描述了一种无形的外星生命力量。如果自然选择是宇宙通用的，没有理由认为进化的随机性只会在其他行星上导致类人形生物出现。著名的英国天文学家弗雷德·霍伊尔用科学研究来启发科幻小说的灵感，但他的科幻小说并非由他的物理学研究驱动。霍伊尔的第一部小说《黑云》描述了一团有生命意识的宇宙尘埃云！

波兰科幻作家莱姆把对外星生命的创造性想象推向深处。在他的著作《索拉里斯星》中，索拉里斯星被描绘成一颗被海洋覆盖的星球，是单一的有机体，拥有超出人类认知的巨大而神奇的智力。

当然，还有外星人被描绘成睿智、仁慈的老师，它降临地球把人类从自我毁灭中拯救出来，如电影《第三类亲密接触》（1977）和《星球大战》（1997）。而漫威宇宙中的观察者也有类似的性格，作为漫威宇宙中最古老的物种之一，观察者致力于观察和收集宇宙中各类生命的信息。

但对外星生命的形形色色的描述的关键在于：尽管在20世纪和21世纪，科学在理解宇宙方面取得了巨大进步，但科学家们对外星人的生理和心理学仍然知之甚少。这个空白区域也是科幻小说涉足的领域，几个世纪以来，科幻小说一直在对这个问题展开持续的思维实验。

英国科幻作家阿瑟·C.克拉克对此了如指掌。1968年，他强调科幻小说对外星生命讨论的影响："我毫不怀疑宇宙中充满了生命。探索地外文明项目（SETI）现在被天文学界广泛接受。但它仍然是一门没有研究对象的科学，这一事实既不令人惊讶，也不令人失望。我们用普通人半生的时间才掌握了聆听星星的技术。"

克拉克非常了解科学从科幻小说中获得的巨大灵感。科学界关于外星生命的辩论通常分为两个阵营：物理学家阵营和生物学家阵营。物理学家和天文学家往往倾向于对是否存在外星生命持肯定观点。他们聚焦宇宙中的物理规律，并以恒星和绕轨道运行的行星的绝对数量为依据，认为从统计学上来看，类地星球有极大概率正在浩瀚的深空中等待着被人类发现。许多世纪以来，科幻小说都是以这一科学观点为起点的。因哥白尼早于达尔文，物理学出现早于生物学，关于外星生命的科幻描述通常坚定站在支持存在外星生命、支持 SETI 的阵营中。在 20 世纪，整整一代 SETI "猎人"都被施了同样的"魔法"，科幻小说激发的想象力导致人类投入了大量的时间和金钱对外星人开展科学严肃的搜寻。

但随着 20 世纪的科技发展，情况发生了变化。部分科学家开始认为，我们人类在宇宙中可能是孤独的。尤其是生物学家开始强调：虽然物理学和科幻小说仍然沿着决定论的思路进行思考，但进化论者更相信即使是在地球上的进化中，出现智慧生命也是令人难以置信的低概率事件。或者，如美国人类学家洛伦·艾斯利那振聋发聩的语句一样：

"地球之外的苍茫宇宙中必定存在生命的信念是如此坚定，人们相信如果他们比我们先进，他们随时会穿越太空来到地球，也许就在我们这一代人的时代。后来，认识到时间的无限，人们不禁怀疑，他们的信息是否早就传来了，但淹没在森林的沼泽中，仿佛两栖动物爬过明亮的枪弹，精密仪器机械地运转毫不察觉……在生命的本质和进化的原理中，我们已经找到了答案。在地球之外，宇宙深处，可能永远没有其他人类。"

也许是明天，也许是十年或一个世纪后，直到我们验证是否真的有银河护卫队。终有一天人类会取得有史以来最震撼人心的发现：发现某个繁荣的外星文明的存在。历史的车轮来到 21 世纪时，人类对外星生命已经畅想了将近 2500 年，各国航天部门陆续建造众多太空望远镜来寻找神秘宇宙中的生命，但仍然没有结果。

美国于 2009 年发射的开普勒空间望远镜致力于寻找围绕其他恒星运行的类地行星，

第一部分　太空

它在伽利略首次使用望远镜四百年后发射升空，是以第一位哥白尼日心说的支持者开普勒命名的。根据开普勒的早期发现，SETI 研究所的高级天文学家赛斯·肖斯塔克估计"在距离地球一千光年半径内"至少有 30000 颗宜居行星。根据同样的发现，开普勒空间望远镜团队预测"银河系中至少有 500 亿颗行星"，其中"至少有 5 亿颗"位于宜居带。美国国家航天航空局喷气推进实验室也持类似观点。该部门报告说，在我们的银河系中预计有 20 亿颗"类地行星"，并指出大约还有"500 亿个星系"存在着 10^{21} 颗类地行星。

在过去的 2500 年里，大批作家、学者、哲学家和电影制作人竭尽全力畅想地球之外的生命。他们试图拉近通过科学探索发现的新世界与想象中的奇异世界之间的距离。他们的贡献巨大且至关重要，不仅因为科幻小说中的想象促使人类把未知的世界具象化，还因为它帮助人类在不断变化的宇宙中寻找自身的位置。

对外星生命的探讨不断演变，科幻小说影响了科学领域的问题和辩论，反过来，科学发现和发明也启发了科幻创作。外星人的历史暗示了另一种文明将给人类科学、社会和文化带来革命性的影响。如果我们可以大胆地认为，人类至少是宇宙认识自己的一种方式，宇宙还有什么等待着被发现呢？

02

《降临》：
人类与外星人相比如何？

"如果外星人来访，结果会像哥伦布登陆美洲时的那样，他当年的登陆对美洲原住民来说并不是什么好事。"

——斯蒂芬·霍金，《卫报》

"为什么一个远远优越于我们的种族会费尽心机去伤害或毁掉我们呢？如果我脚下的沙子里一只智能蚂蚁突然向我发出一条信息说：'我是有知觉的，我们聊会儿吧。'我十分怀疑我会不会冲过去一脚把它踩个粉碎。即便他们不是超级智能生物，只是比人类稍微发达一些，我还是倾向于相信他们是友善的，或者最坏也是对人类冷漠而不感兴趣的。因为在我们太阳系内的外星人来探访地球几乎是不可能的，任何一个能在太空中穿越无数光年的社会都必须具有非常高的技术水平来控制物质和能量。"

——斯坦利·库布里克

"将智能生命分为自然生命和人工智能最终可能会被证明是毫无意义的。我们可以预测，未来，由各个身体部件组成的人工智能生物的寿命可能会非常长。他们的文明可能比人类这样的文明长寿得多。这种文明可能非常适合发达文明之间的星际交流而且也能让已消亡文明的科学和文化遗产在宇宙中传播数亿年。"

——卡尔·萨根和 I.S. 什克洛夫斯基,《宇宙中的智慧生命》

"为什么降落在这些特定地点?世界上最享盛名的学者也无法解答。最有说服力的解释恐怕是他们选择的地点是地球上最不容易受到雷击的地区。但也有不合理之处,除此之外最有道理的是席娜·伊斯顿 1980 年的一首热歌在这些地点都被演唱过。所以,依旧毫无头绪。"

——艾瑞克·赫瑟勒,《降临》

"存在巨链"

2016 年的科幻电影《降临》提出了很多问题,其中一个便是:人类在宇宙发展过程中处于什么位置?换句话说,我们如何与地球以外的外星生命一决高下?这个问题有很长的历史。中世纪的城镇一般都有围墙包围,中世纪的宇宙观也是如此:宇宙被天和地包围着,谁也没法改变什么,时间也无法带来什么损坏。延续性是关键。宇宙里节节相扣,从旧时代宗教当中神的天国出发,穿过层层嵌套的同心圆体,再到位于中心位置的地球。同心圆体如水晶般完美无缺,里面携带着各个行星,而地球却是无比黑暗,腐败堕落。

这个环环相扣的宇宙也包括上帝的宇宙生物计划。这个计划是一场华丽而神圣的生命盛宴,即"存在巨链"。在"巨链"上有一个创世的"丰饶角",这是一条没有始终的链条,从上帝延伸到最卑微的生命形式。

"存在巨链"也被称为"自然阶梯"(拉丁文为 scala naturae),是一个严格的等级制度,从链条最顶端的最高、最完美的生灵,到最核心的、容易犯错的肉体——易变、易腐化之人。

这是一种自然的秩序。位于链条底端的元素,如构成地球的岩石,只是无意识地存

第一部分 太空

在。沿着链条向上移动,链条的每一节都比下面的节具有更积极的属性。因此,植物拥有生命和存在特征,动物们享有额外的运动能力和进食功能。每一种能想到的生物和物体都在这一宏大的万物图谱中占有一席之地,但每个席位都是以人类为中心的,通常按其对人类的用途来确定。有特殊用途的生物,如马和狗,比绵羊这一类温顺的动物更靠上。容易驯养的猛禽优于鸽子这类位置较低的鸟类。可食用的鱼类在链条上的位置比奇形怪状的不可食用的海洋生物要高。

其中甚至涉及美学。如蜻蜓和瓢虫一类招人喜欢的生物比苍蝇和屎壳郎一类令人讨厌的昆虫更应享有上帝的光芒。因在伊甸园的所作所为而被降级惩罚的蛇则在动物界最底层苦苦挣扎。"存在巨链"在当下的流行文化中依然存在:狮子仍然被认为是万兽之王,橡树是所有植物之王,鹰是天空之王。

放弃在不间断的"存在巨链"中的位置,不是简单的"不可想象",而是"不能实现"。

这种中世纪的严格永恒感对世界观的形成影响深远。显而易见,这种制度成为封建社会中有效的控制手段。"存在巨链"被用来证明"君权神授"的正确性,即君主不受世俗权威的约束。"存在巨链"反映在专制的社会秩序中,国王处于顶峰,贵族领主位于国王之下,而大量农民则处于社会的底层。国王直接从上天获得统治权,不受其人民、贵族或王国任何其他财产的支配,只受上帝的意志支配。

"存在巨链"对早期宇宙生命观的影响很好地体现在以下引语中。中世纪的文本经常引用这些引语,但早在5世纪,古罗马最后一位异教徒哲学家马克罗比乌斯就写道:

"从至高无上的上帝那里诞生思想,从思想中产生灵魂,反过来又催生了万物,并让万物焕发生机……由于万物都是连续的,各序列从上而下依次退化,细心观察可见各部之联系,从至高无上的上帝到万物最后的渣滓,都在不间断地相互联系。这是荷马所说的,上帝从天堂垂至地上的金色锁链。"

这就是中世纪的人类对自身的定位。从精神上讲，人是"存在巨链"上的特殊一环，在肉体上是平凡的，但可以追求精神上的纯净。人类的肉体和精神之间的斗争结果，决定着一个人是走上更崇高的精神之路，还是像路西法一样堕落至魔鬼面前。

宇宙之王

读到这里你可能纳闷，上面这些到底与电影《降临》以及人类与外星人的关系有什么关联？简而言之，以上就是电影想表达的一切。从关于外星生命的早期科幻小说开始，"存在巨链"就是作家们选用的背景故事。几乎从伽利略发现我们的月球可能适合居住开始，最早的科幻小说之一的《梦境》的作者开普勒就对月球产生了兴趣。几个世纪后，达尔文将进化论引入科学，该原理在太空和地球上同样适用，科幻小说中人类该如何定位自身的话题再次活跃起来。H.G. 威尔斯以达尔文为向导，在《世界大战》

第一部分　太　空

开篇火星人入侵时引用开普勒的话："但是，如果这些星球有人居住，谁会居住在那些星球上呢？世界的主宰，是我们，还是他们？"换句话说，谁是宇宙的掌控者，宇宙之王？人类已经统治自然，但在地球之外的广阔宇宙中，我们将如何生存呢？威尔斯坚定相信：人类根本不够资格掌控宇宙，所以他塑造了一个科技先进的外星文明。《世界大战》以外星人的形象描绘了未来的"人"，他们就是人类将来的样子。他们纯粹是科技武装起来的暴徒。而这一次，英国成为星际达尔文主义的受害者。看看威尔斯在《世界大战》开篇的一节中是如何天才地构建了整个宇宙的"存在巨链"的：

"在19世纪末，谁也不会相信有一种生物在密切地观察人类，他们比人类更智慧，但同样不免一死。世人每天杂事缠身，绝不会想到自己也是他人观察研究的对象，好比人类用显微镜观察水滴中朝生暮死的成群蜉蝣。自大自满的地球人为了微不足道的琐事奔波忙碌，自以为是世间万物的主宰。显微镜下的纤毛虫或许也抱着同样的想法。谁也没有想过，宇宙中更为古老的世界会对人类构成威胁，或者人类以为那些星球上不一定甚至不可能存在生命，遂将这个念头抛诸脑后。反思人类过去的思维习惯，真叫人啧啧称奇。地球上的人类至多想象火星上有人居住，但不及人类开化，并且盼着他们去火星传教解惑。殊不知在浩瀚的宇宙间居住着拥有高度智慧而又冷酷无情的生物，他们看待我们人类，就好比人类看待即将死亡的牲畜一样；他们觊觎着地球，并且有条不紊、按部就班地展开了攻击我们的计划。就在20世纪伊始，人类经历了一场大幻灭。"

威尔斯摧毁了人类站在进化链顶峰的观点，但是火星人和人类一样骄傲自大，地球上的微生物最终会导致他们的灭亡。在威尔斯之后，与外星人的接触和人类在宇宙进化阶梯上的位置成为20世纪中一直存在的无解难题。

直到20世纪60年代，卡尔·萨根和什克洛夫斯基的《宇宙中的智慧生命》一书诞生，这才让科学界开始接受发现外星智慧生命的潜在冲击，但在那之前几十年，奥拉夫·斯台普顿和阿瑟·C.克拉克等科幻作家已经为大众敲响了与外星人近距离接触的警

第一部分 太空

钟。第一类近距离接触是在约 150 米外看到不明飞行物体。第二类近距离接触是 UFO 事件，伴随着如电子干扰等物理效应，或在地表留下如烧焦的植被或化学痕迹等印记。科幻小说则对第三类和第四类的接触更感兴趣。第三类是有人在场的接触，无论是人类还是机器人飞行员。第四类涉及某种形式的绑架人类事件。

这就是电影《降临》的故事开始的地方。这部获奥斯卡提名的热门电影探讨的是，从生命形态完全不同的外星生物发来的信息是怎样的。在宇宙尺度上，相比之下人类文明仿佛还是婴儿期，而人类用射电望远镜扫描太空寻找外星飞船或信号的历史还只有一个人的寿命那么长。如果一个信号或飞船正朝着地球飞来，它很可能来自一个比我们至少先进几十万年的文明，必定在科幻小说一直描绘的那条伟大的"存在巨链"的更高层。人类能理解他们的语言吗？很可能，即使"宇宙之王们"降低了他们的信息的难度，他们要说的秘密对人类来说仍然无法破解。

03 科幻小说如何把人送上月球?

"我们在空中航行了七天七夜。第八天,我们看到了一个巨大的国度,像一个岛屿,又亮又圆,在强光下闪闪发光。我们奔向那里,抛下船锚,上岸后进行探索,发现这片土地有人居住、耕种。白天,从这地方看不到任何其他东西,但入夜后,依稀可见附近有许多岛屿,有的大些,有的小些,像闪烁着的不同颜色的火焰。我们还看到了下方的另一个国家,那里有城市、河流、海洋、森林和山脉。我们推断这就是我们自己的世界。"

——卢西恩,《信使》

……月球的表面并非完全光滑,质量是平均的,也不是大批哲学家对月球和其他天体所认知的那样完美的球体,恰恰相反,它充满了不规则、不平、凹陷和突起,就像地球表面一样,到处都是高山和深谷。

——伽利略·伽利雷,《星际信使》

"一旦掌握飞行的艺术,人类肯定不乏先驱者。谁能想象,在浩瀚的宇宙中航行比在亚得里亚海、波罗的海或英国海峡狭窄而险恶的海湾中航行更安全、更平静呢?让我们建造能航行天际的船只和帆吧,勇敢不畏惧太空的荒原的人会有很多。与此同时,我们

第一部分 太空

将为勇敢的天空旅行者备好天体地图——我将绘制月球,而伽利略你来负责木星。"

——约翰内斯·开普勒,《与星际信使的对话》

"我非常清楚地预见到,为了填满空间,真空……会吸引大量的空气,盒子会被抬起;如果按比例安装,狂风会迫使它穿过小洞,不会上升到屋顶,但如果它猛烈地穿过机器,狂风一定能将盒子推到高处。

——西哈诺·德·贝尔热哈克,《另一个世界:月球国家与帝国诙谐史》

要回答这个问题,我们要从意大利天文学家伽利略·伽利雷开始说起。400 年前,伽利略把新发明的望远镜当作武器,这是小学生都懂的故事。一个新的宇宙揭开了面纱,月球成为新宇宙谜团中的重要组成部分。伽利略的具有开创性的小册子《星际信使》讲述了他用望远镜发现的新事物。《星际信使》出版于 1610 年,鼓励读者畅想像在我们的地球上一样在月球山脉和陨石坑上行走。月球第一次成为大多数人能认知的真实物体。在伽利略之前,月球对许多人来说只是天空中的一个圆盘,但随着望远镜的出现,它展现了令人惊奇的面貌。我们开始思考各种可能性:月球上有生命吗?人类有一天会如何在这些崎岖不平的陨石坑行走?

但在那之前,科幻小说已经把人类送上了月球。在伽利略使用望远镜的几年前,德国数学家开普勒就开始想象飞向地球这颗天然卫星的旅程("卫星"一词实际上是开普勒发明的)。开普勒的《梦境》虽然出版于 1634 年,但早在 1593 年就在他的脑海中萌芽。这是具有强烈的科幻色彩的首次月球之旅,开普勒在书中想象了一种能适应月球环境的外星生命。

科技革命始于伽利略运用望远镜取得的发现。借助望远镜能看到无数的恒星和所谓完美的太阳上的斑点,这是反击近 2000 年来亚里士多德声称的完美和永恒不变的地心说的新证据。然而,引发科学革命的主要是伽利略对其他星球的发现:在木星轨道发现四

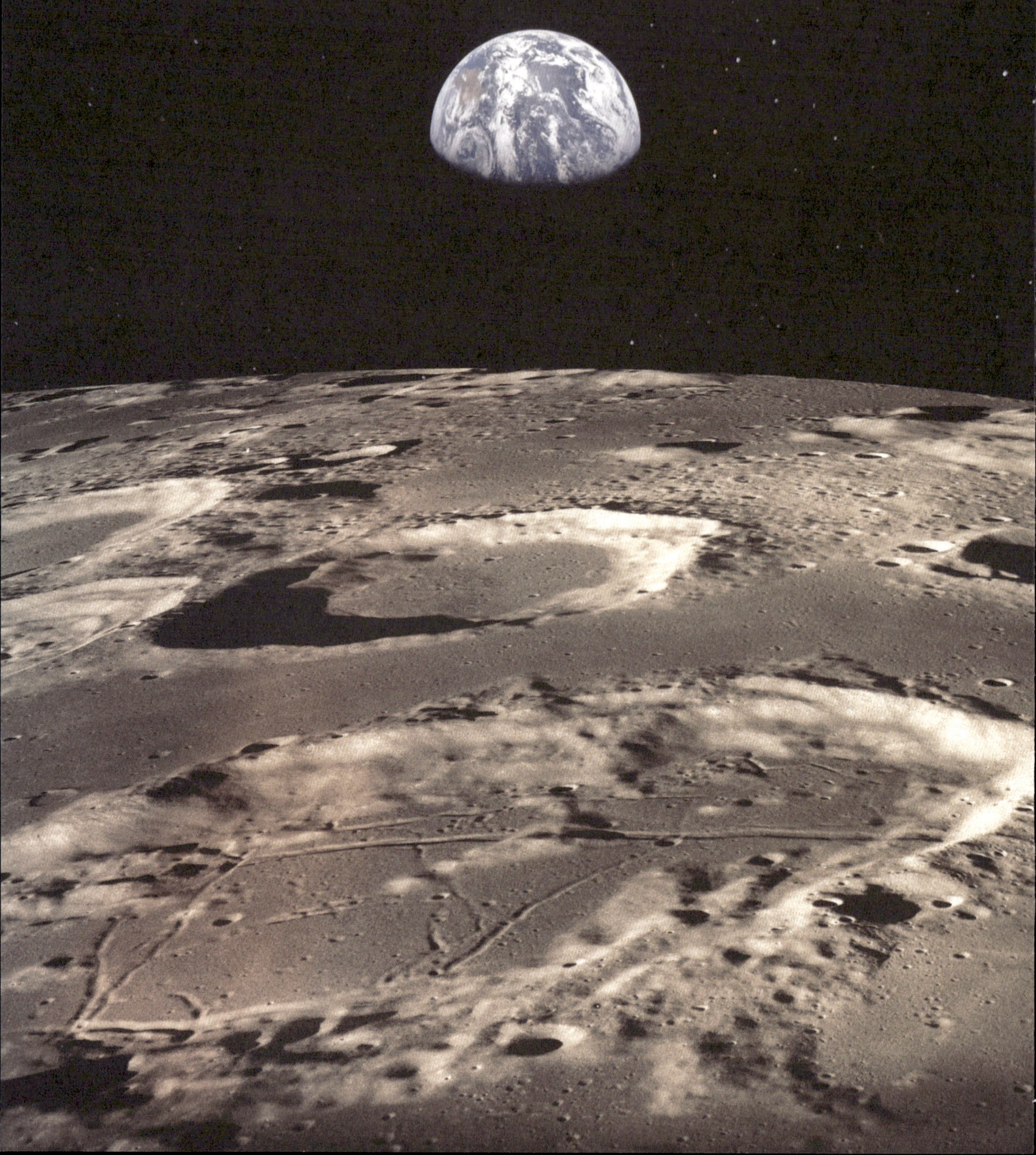

个全新的卫星，证明木星是地球以外的引力焦点，以及在月球上发现的一个具有和地球类似的山脉和陨石坑的"世界"。

开普勒和伽利略都在未知逐步走向已知的时间节点上绘制了一幅可知的地图。伽利略的《星际信使》暗示开普勒描绘的生物很可能居住在月球上。在外星生命是否存在的辩论中，这是一个至关重要的新证据。对人类来说这是月球首次成为真实的物体，但在同一瞬间，我们也感觉到了对这个新事实的好奇或疏远。疏远意味着这是一种不完美的知识状态。这是终于理解我们的精神视界以内的事物的成果。

科幻小说的诞生

和科学一样，科幻小说也是基于同样的惊奇感。伽利略用望远镜发现木星的卫星，也让开普勒开始猜测这些卫星上是否也有外星人居住。伽利略假设月球上的阴影与地球上的阴影有着相似的成因，以便理解月球与地球的差异，然而，像开普勒这样伟大的学者需要相信有外星人，才能让伽利略的发现成为可能。开普勒意识到，要理解月球，仅仅用文字来表达自己的观察是不够的。文字必须变成一种新的小说。这就是为什么在科学史上，《梦境》具有革命性的意义。可以说，用文字描绘月球具有辩证的效应：文字回到我们身边时发生了变化。通过想象科幻小说中的奇幻世界，我们得以从新的角度观察自己的生存环境。

科幻小说始于科学革命的范式转变，即旧宇宙观向新宇宙观的转变。我们祖先认知中的宇宙是很小的，静止的，以地球为中心的。它是人性的印记。人类用神话人物为星座命名，这是上帝荣耀的痕迹。而开普勒和伽利略观测到的宇宙是分散的、不以人的意志为转移的、无限的和陌生的。伽利略的发现几乎证明了宇宙并非以地球为中心，而是开创出一种截然不同的视角，即地球对宇宙中其他星球来说也仅是一颗遥远的行星而已。毕竟，如果地球不是宇宙的中心，那么人类也不是。地球可能也不是唯一有智慧生命繁衍的行星，因此科幻小说担负起了应对发现人类和地球位于一个并不温情和友善的宇宙边缘位置所造成的心理和文化冲击的重任，还包括人类不再是宇宙的中心和主宰，并将人性的印记重新带回宇宙。这也是科幻小说从那以后一直致力的事情。

说到月球，科幻小说的影响是惊人的。当开普勒第一次获悉伽利略通过新发明的望远镜进行的观测时，他一定想到了达·芬奇。开普勒写信给伽利略，说他觉得一旦人类掌握了飞行技术，将不乏先驱者，因此，开普勒凭借想象力创造性地飞跃，发明了宇宙飞船！他谈到要为"不惧太空的虚无"的"勇敢的太空旅行者"建造"适应太空"的飞船。

开普勒关于月球之旅的想象成了科幻小说的开山鼻祖之一。令人难以置信的是，古希腊学者卢西恩也写过一篇关于月球之旅的文章。显著的区别是：卢西恩的《信使》是幻想，而开普勒的《梦境》则是有意识地试图理解科学革命中出现的物理学新知识：从另一个星球看宇宙会是什么样子？支撑开普勒的尝试的关键就在新发明的望远镜观测到的证据。

科学的进步进一步激发了科幻小说的创造力。紧随开普勒之后，威尔士兰达夫主教弗朗西斯·戈德温写出了《月中人》。戈德温用了大量的时间才让这本书得以面世。这本书探讨了从太空中飞到另一个世界的可能性，这是历史上第一本描写与外星人接触的英文书。《月中人》激发了英国皇家学会第一秘书约翰·威尔金斯的想象力。因为戈德温的书以及登上月球只是时间问题的观念的影响力太大，致使威尔金斯也对自己的作品进行了相应修改。威尔金斯提出：终有一天，飞行器会振翅飞向月球。

开普勒和威尔金斯都非常早地对用于登月的飞船做出了预测。西哈诺·德·贝尔热哈克以惊人的风格紧随其后。西哈诺是一位远近闻名的法国讽刺作家和自由思想家，他的一生因许多浪漫传说而不朽，但他的一项创新鲜为人知。据阿瑟·C. 克拉克称，西哈诺的《另一个世界：月球国家与帝国诙谐史》是构思冲压式喷气发动机的功臣，这种喷气发动机本身没有活动的部分。中世纪科幻小说不仅构思了航天器，还提出了一种将飞

第一部分 太 空

船推进至月球的方式。

正如他们所说,剩下的就交给时间来——实现。到 19 世纪,科学使人类进入机器时代时,月球存在生命的提法已不再可信。月亮上一片死寂。然而,仅仅一光秒左右的距离之外,月球就在那里静待征服,并被科学占领。尤其是对平庸作家来说,登月现在成了一种信仰。最突出的是美国作家罗伯特·海因莱因。《伽利略号火箭飞船》等书籍将地球的这颗天然卫星描绘成向整个太阳系拓展的踏脚石。至关重要的是,海因莱因的《出卖月亮的人》讲述了为资助首次登月而进行的斗争,以及如何向全世界兜售征服太空的神话。听起来熟悉吗?科幻往往比现实超前。

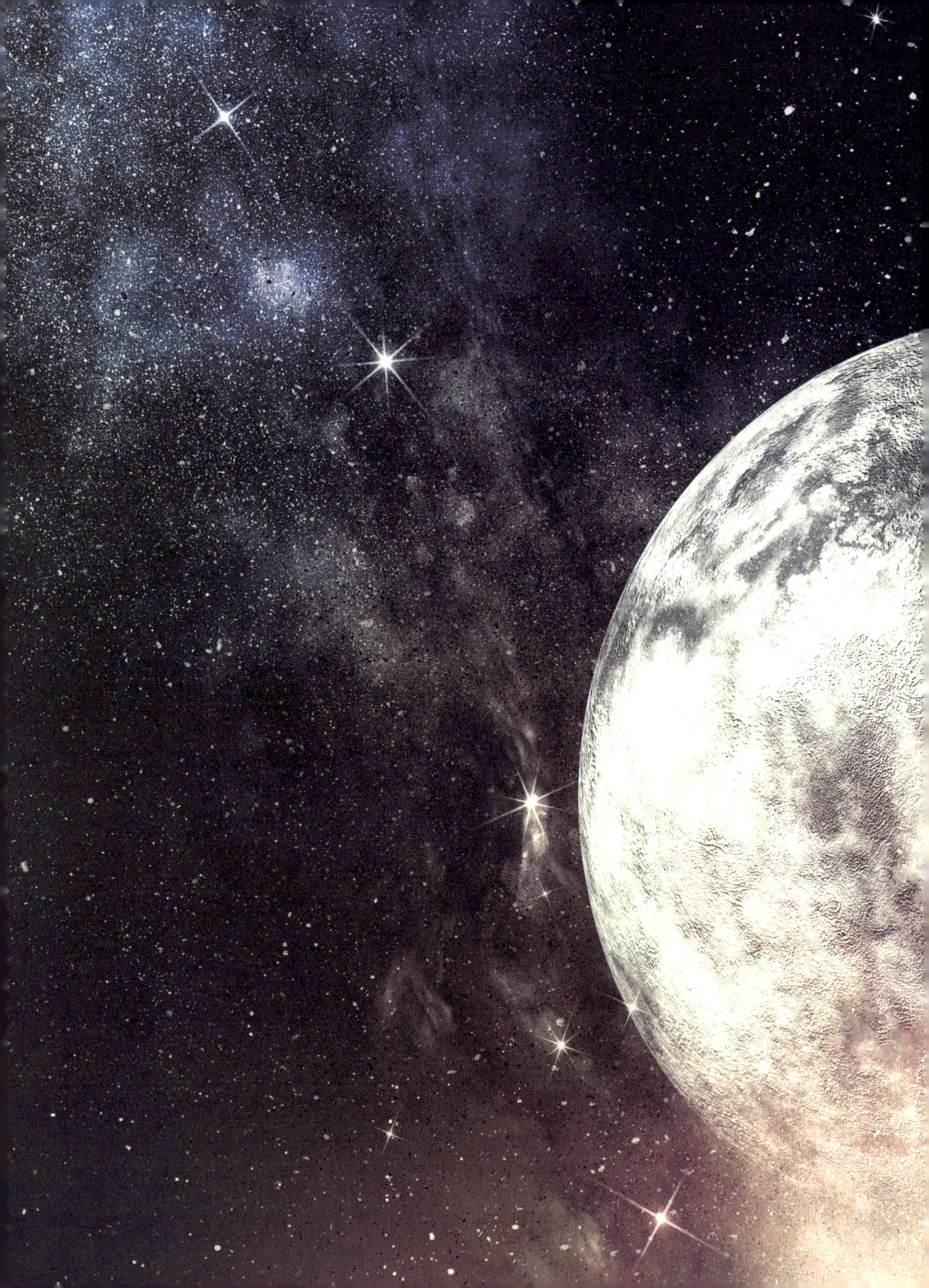

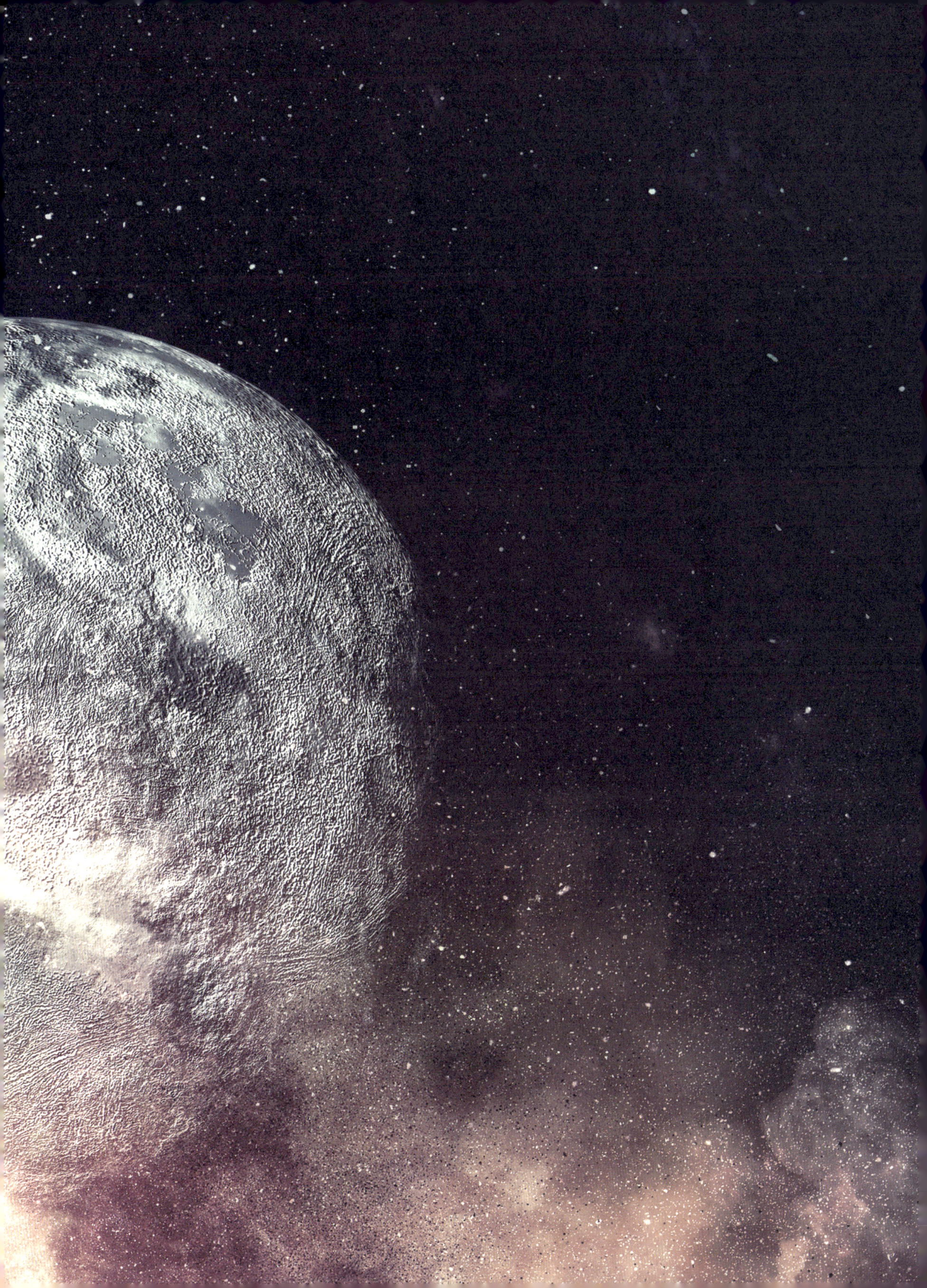

04

科学应该造出真实的侏罗纪公园吗?

"上帝创造了恐龙,上帝又毁灭了恐龙,上帝创造了人类,人类毁灭了上帝,创造了恐龙。"

——迈克尔·克莱顿,《侏罗纪公园》

"可是现在,科学已成为有几百年历史的信仰体系。跟在它之前的中世纪制度一样,科学开始与这个世界格格不入。科学获得了太多的力量,因此它本身在应用上的界限开始明显地暴露出来。虽然,因为科学的作用,使得地球上多少亿的人们可以生活在一个小小的世界里,可以聚集在一起,可以相互联系沟通。但是,科学不可能替我们决定该如何对待这个世界,或者该如何生活。"

——迈克尔·克莱顿,《侏罗纪公园》

"科学家一心想的其实只是如何成名,因此他们关心的是他们是否能弄出点什么名堂。他们从来不会停下来问问自己,他们是否应该做某件事。他们简单地把这方面的考虑贬为毫无意义。如果他们不这么做,其他人也会这么做的。他们认为发现是必然而且是不可避免的,所以他们只是想尽办法先走一步,这便是科学家的游戏。即使是理论科学的发现也是影响深远的、进攻性的、具渗透性的行动。它需要许多设备,而且将来确实会改变这个世界。例如粒子加速器造成地球的创伤,留下了有放射性的副产品。太空人把垃圾留在月球上,就像会有一些东西证明科学家的存在,表明他们有所发现。但是发现却总是对自然界的一种破坏,永远都是如此。"

——迈克尔·克莱顿,《侏罗纪公园》

失落的世界

在科幻小说问世之前,失落的世界这个词从未出现。典型的"失落的世界"故事一般会以文明世界中某个地方(通常是伦敦)的冒险家开头。主角一般会受到某个神秘传说或上古卷轴的指引,出发前往未知的土地寻找失落的文明或强大的古代秘密力量。柏拉图笔下的亚特兰蒂斯是最典型的失落的世界,而维多利亚时代的失落的世界的故事依然盛行,如亨利·莱德·哈格德的《所罗门王的宝藏》和《她》,"她向来说一不二"是其中的名句。此类故事又成为冒险类电脑游戏的题材,如劳拉(她也向来说一不二)的《古墓丽影》系列,但失落的世界在迈克尔·克莱顿的《侏罗纪公园》系列中以全新的科学形式呈现出来。

首先是对大自然的探索和掠夺。毕竟,失落的世界要先失落,才有机会被发现。中世纪的探索之旅确实为我们的星球打开了掠夺的大门。中世纪科学新哲学的主要构建者之一是一位名叫弗朗西斯·培根的英国政治家,他是新时代的主要预言家和推动者,是文艺复兴时期的舆论导向专家。他认为,组织精密的科学研究将推动物质进步,理解自然是征服地球获取利益的主要手段。他并没有错。

与迈克尔·克莱顿在《侏罗纪公园》中"失控的科学"的观点相呼应,培根在许多世纪之前就预见了一个科学帝国的乌托邦。他在日记中声称正在寻求"扩大人类帝国的疆界,使一切都成为可能"的方法。培根认为,任何事物都不应阻碍进步,为此,他用

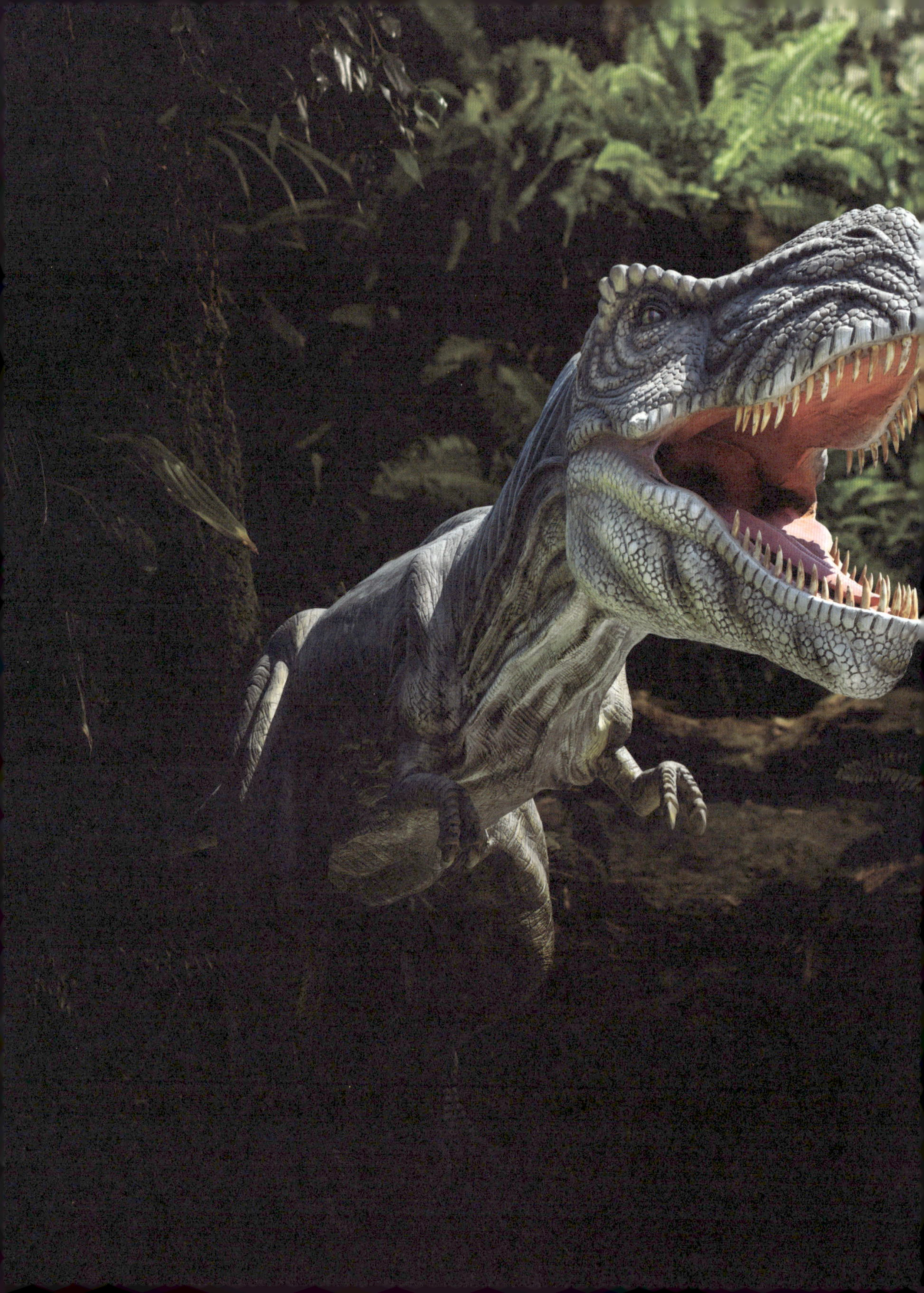

第一部分 太空

"怪物"思想构建了一种有缺陷的中世纪权力观。培根说,有的人从自然法则中堕落,变成了怪物。培根认为这些人应该被毁灭。在这种思想的指导下,英国不断扩张,殖民地的土著被掠夺、枪杀、用毒药毒死,或染病而亡。

在 17 世纪 70 年代之前,欧洲人对世界的大部分地区仍然一无所知。随着科学技术的发展,随着现代"文明"在全球蔓延,神奇的冒险故事开始流行起来。最早的小说之一是丹麦—挪威作家路德维格·霍尔伯格的《尼厄尔斯·克里姆地下游记》,这本书讲述了一位年轻的挪威人误打误撞地进入地下,发现了由智慧的非人类生命居住的地内行星。小说从尼厄尔斯·克里姆从哥本哈根大学学习哲学和神学后回到家乡镇上讲起。科学的好奇心驱使他去调查小镇山上的古怪洞穴,在调查时,他不慎掉进了深洞里,就在这时,惊奇的事发生了:本以为要坠入深渊的他却发现自己正自由地飘浮在空中。故事中的地球被设定为是中空的,居住着各种陌生又聪明的生物。

失落的世界故事中更著名的可能是凡尔纳在 1864 年写的《地心历险记》。凡尔纳的这本书创作于 1863 年,也是 63 卷《非同凡响的旅行》中的第一卷。书籍出版初期的广告说凡尔纳的目标是"勾勒出现代科学所积累的所有地理、地质、物理和天文知识,并以其特有的有趣而生动的方式,讲述宇宙的历史。"这个任务还是很艰巨的。

尽管凡尔纳的《地心历险记》是科幻小说的经典,然而他却并未就科学对自然的渗透性提出批评。该书是一次穿越地下世界的旅行,也是一次对空间的征服。这部小说的主要思想是:大自然是需要破解的密码。这是深入见证进化过程的旅程。探险家进入地球的地下沟壑和洞穴，发现其内部遍地都是史前动植物。比如成群的乳齿象、巨大的昆虫以及正在为生存展开殊死搏斗的鱼龙和蛇颈龙。凡尔纳的书极大促进了公众对科学进步的信心，并对未知的宇宙深处是否可能也遵循相同的法则展开了进一步推测。

令人目眩的科学进步速度在维多利亚时代变得更甚，新兴的生物学和地质学使现代疏离感更加强烈。科幻小说开始试图修复自身与自然的分离，以某种方式填补空白。凡尔纳的小说通过探索地理空间来寻找失落的世界。迈克尔·克莱顿的《侏罗纪公园》也做了同样的事情，一头扎进人类基因的历史中。

基因精灵

毫不奇怪，人类对有朝一日能够让恐龙再次出现的前景感到兴奋。看看遗传学对人类历史的影响。人类血液中的基因标记就像一种时间机器。血液中蕴藏着有史以来最完备的历史书，而地球上每个人的血管中都流淌着其中独特的一章。通过从地球各地的人身上采集血样，基因中的时间机器被解读出来。结论令人震惊。今天所有活着的人都有家族性的血缘关系。在整个非洲大陆上大约只有 2000 人生活的历史并不是那么久远。我们的血液讲述了一小群远征非洲的远古人类的故事，今天的人类都是他们的子孙。我们仍在研究祖先如何在人类历史上完成这趟最不可思议的旅程：从一片大陆分布到整个地球。

如果我们可以用遗传学来恢复失落的世界的话，结果会怎样呢？

在《侏罗纪公园》中，作者克莱顿首先对这个问题进行了探索。电影中，要让恐龙复活，需要完整的基因组，这是几乎难以获取的。需要从远古的样本中找到足够的数据基因组，而不仅仅只找到够制造几个基因的片段。另外，史前样本 DNA 的保存环境和降解程度决定 DNA 的质量和数量。诚然，DNA 在进化过程中确实足够稳定。但是，DNA 会随着时间的推移而降解，因此，在史前 DNA 中找到足够完整的基因组是很大的挑战，特别是在南美洲热带雨林发现的被琥珀捕获的昆虫中。甚至可能没有足够完整的 DNA 来克隆一只致命的猛禽爪子，但克莱顿的书激发了人类的想象力。他克隆出了恐龙。他让科学的想象力飙升，并提高了人们对未来新的、梦幻般的发现的期待。

基因技术的最新发展增加了将来实现克隆史前生物的希望。科学家已经成功对 1 万年前的长毛猛犸象、3.8 万年前的尼安德特人和 8 万年前的一位年轻女性的基因组进行了测序，该女性是一种早期的智人，称为丹尼索瓦人，与尼安德特人是近亲。该项目团队甚至说，丹尼索瓦女人有棕色的皮肤、眼睛和头发。一种已灭绝的马在 70 万年前遗留的化石中的完整基因序列最近被发表在《自然》杂志上，将人类认知障碍进一步推回到史前。

克莱顿的科幻小说的最后一个重要方面就是混沌理论。这句话概括为："科学家们只是痴迷于取得科学成就。他们只专注于自己能做什么，却从不停下来反思什么该做什么不该做。"这句话来自克莱顿小说的主角伊恩·马尔科姆博士，小说和电影中他都是持怀疑态度的混沌学家。马尔科姆接着说："科学不能帮助我们把握这个世界，或者直接告诉我们该如何生存。科学可以制造核反应堆，但它不会告诫我们不该建造核反应堆。科学可以制造杀虫剂，但不会告诫我们不要使用。因为科学失控，我们的世界似乎开始彻底污染空气、水和土地。"出路可能在于将此类事件的决策权从私人资本手中转移到大众手中。为确保以后的科学研究不会让人类进入灾难的倒计时，应该让大众来做出决策。

05 维度行者《瑞克和莫蒂》：
平行宇宙真的存在吗？

"如果一枚硬币正面朝下，意味着它反面朝下的可能性已经坍缩。在那之前，两种可能性是相等的。但在另一个宇宙，它是反面朝下的。当这种情况发生时，两个世界已经分离。"

——菲利普·普尔曼，《北极光》

莫　蒂："看，那边。那是我的坟墓。"

萨默斯："等等，什么？"

莫　蒂："在一次冒险中瑞克和我摧毁了整个地球，所以我们丢下了那个世界，然后来到了这个世界。因为在这个世界，地球没被毁掉，而且在这个世界里，我们死掉了。所以我们过来，然后埋掉了自己，并且取而代之。每个早上，萨默斯，我都是在离我尸体不到 20 米的地方吃早餐。"

萨默斯："所以你不是我弟弟。"

莫　蒂："我比你弟弟更好。我这个版本的弟弟是当我说别走的时候，你可以绝对信任我。人的出现是没有目的的，人也不会属于任何地方，每个人都会死去。"

——贾斯汀·罗兰，《瑞克和莫蒂》第一季第 8 集

第一部分　太　空

"在错误的时间线里，生活可能会很糟糕。"

——特里·普拉切特，《卫兵！卫兵！》

量子宇宙

　　这个宇宙是所有可能存在的宇宙中最好的一个吗？人们当然希望不是。这个问题首先由德国哲学家戈特弗里德·莱布尼茨提出。莱布尼茨是一位多愁善感又博学的科学家，他不仅独立于牛顿发明了数学的一个分支微积分，而且还改进了二进制系统，这是几乎所有数字计算机的理论基础。毫无疑问，莱布尼茨兴奋于取得这些成就，而他更不是在棘手的问题面前就退缩的人，他反而将自己聪明的大脑转向解决棘手的问题。他的逻辑是这样的：如果上帝是善良的、全能的、无所不知的，为什么世界还会有这么多的苦难和不公？不得不承认，莱布尼茨说得有道理。在许多方面，他的解决方案开创了一种科幻题材。他的上帝成为一种"优化器"。上帝只是从所有原始的可能性中进行筛选，既然上帝是好的，这个宇宙一定是所有可能存在的宇宙中最好的。说服你了吗？应该没说服，毕竟我也不信。我肯定这个逻辑的某个地方有漏洞。上帝作为优化器的想法让他看起来很像《瑞克和莫蒂》里的瑞克·桑切斯。

　　科幻动画连续剧《瑞克和莫蒂》中的瑞克是一位鲁莽、信奉虚无主义又滑稽的酒精专业的科学家，形象基于《回到未来》中的埃米特·布朗博士。瑞克与莫蒂将自己的时间分为单调枯燥的家务时间和受量子力学的新发现启发的跨维度冒险时间。

　　让我们瞧瞧量子力学！量子理论的主要命题是认为我们的宇宙只是众多宇宙中的一个，被称为"多世界诠释"，由美国物理学家约翰·惠勒等提出，并在经世界各地的科幻作家推广后得到了更进一步发展。它构想了无限数量的平行世界或宇宙，组成了一个"多元宇宙"，共同构成了所有的物理现实。如果你看过《瑞克和莫蒂》，那这些对你来说就不过是老生常谈了。

不仅如此，据说这样一个多元宇宙包含了所有可能的地球历史和物理宇宙。听得头疼吗？不是你的错，确实很烧脑。事实上，著名物理学家约翰·惠勒曾说过，"如果你还没完全被量子力学弄糊涂，那说明你还没理解它。"如果这不是瑞克对莫蒂说的那样，听起来还让人宽慰一点。科幻小说以许多不同的形式涉及量子理论。平行世界也可能在故事中以"其他维度""替代宇宙""量子宇宙"甚至"替代现实"等名称出现。

其他宇宙与我们所处的宇宙平行的推测在科幻小说中比在量子理论的"事实"中的历史更悠久。当然，最好的例子是刘易斯·卡罗尔写于1865年的小说《爱丽丝梦游奇境》，其中的女主角通过一个兔子洞进入了另一个平行的世界。但爱丽丝的故事本身也可能包含更多的意义。作者的真实目的是想讽刺19世纪60年代开始渗透到牛津的新出现的抽象数学。故事中有一条抽水烟的毛毛虫，与孩子变成了猪的公爵夫人的会面，还和疯帽匠和三月兔开喝茶派对，这些都被认为是在嘲笑当时的数学家。

卡罗尔不喜欢数学变得如此抽象和纯粹，他认为这样会让数学与符号逻辑（他特别喜欢的学科）或朴素的欧几里得几何之美越走越远。神奇的蘑菇，婴儿变成猪，还有一些荒谬的问题，比如"为什么乌鸦像写字台？"所有这些都是为了表明这些新理论是多么无意义和荒唐。也许最巧妙的讽刺是在后来的版本中加入了柴郡猫的故事，它凭空消失了，只留下一个微笑。这是卡罗尔用幽默的方式对抽象数学的无用性提出了严肃的学术批判。

另一个值得注意的维多利亚时代的平行宇宙题材的科幻故事是埃德温·艾勃特的《平面国》。艾勃特描绘的世界与我们的世界完全不同，是一个只有两个维度的世界，而不是我们习以为常的三个维度（假设我们忽略时间作为第四个维度，因为威尔斯还没有把第四个维度想象出来）的世界。

继续航行，瑞克和莫蒂

在 20 世纪前后，科幻小说普及了对现实的"多世界诠释"，并使其成为现代文化的主要特征之一。美国作家菲利普·何塞·法默写于 1952 年的小说《继续航行》就是一个很好的例子。这本书描述了另一个宇宙中的 1492 年，在这个宇宙中地球是平的。《继续航行》中的物理规律很奇特，哥伦布的船从世界的边缘掉入地球轨道，再也没有回来。这一简单的物理规律改变激发了人们的想象，如果哥伦布被扔进历史的垃圾堆，而印加人、阿兹特克人和美洲土著人得以独自繁荣，我们今天的世界会是什么样子？

菲利普·何塞·法默是一位平行宇宙的想象力大师。他的另一个故事似乎是基于莱布尼茨创意的异想天开的拓展。法默的《非理性面具》以多重宇宙为特色，每个宇宙都包含在上帝身体的不同细胞中。在不同宇宙之间穿行的唯一方式是穿过细胞壁，而这伤害了正在婴儿期成长的上帝的身体。（顺便说一句，这部《非理性面具》有点像《瑞克和莫蒂》中《人体乐园的奇妙之旅》一集，这一集讲述了他们在一个流浪汉体内的奇妙之旅，他身上带有许多逃出免疫系统的致命疾病，这是对《侏罗纪公园》的戏仿。）

大多数科幻小说都是描写包含除我们所在的这个世界之外的一个或两个平行世界的多元宇宙，但《瑞克和莫蒂》描述了无数个平行宇宙，有的世界气候完美，大自然中遍布参天巨树；有的世界中每家药店柜台里都在出售能治疗骨折的超级血清。还有的世界有非常痴迷于吃人的比萨饼。不过以上所列的这些在《瑞克和莫蒂》中还只是小儿科。

虽然《瑞克和莫蒂》的制作人宣称该剧是"在科学常识上最靠谱的动画喜剧"，就像道格拉斯·亚当斯之前的《银河系漫游指南》一样，该剧的主要目的是戏仿，比如节目中戏称阿尔伯特·爱因斯坦是在被长着大脑袋的第四维生物击败后才发现了相对论。瑞克和莫蒂在多重宇宙中到处转悠，把"真实"物理学牢牢地植入了公众的想象中。正如纽约大学宇宙学家马修·克莱班所说："我认为，人们对科学有足够的兴趣并编造一些关于它的故事要比漠不关心要好得多。"

物理学家群体本身对这种平行宇宙或多重宇宙是否真的存在还未达成共识，对于这些词的含义甚至没有达成一致意见。虽然有人认为多元宇宙可能存在并试图找到我们的宇宙与其他宇宙相互碰撞的痕迹，但另一些人则认为平行宇宙理论完全是胡说八道，因为它可以推导出所有的事情的可能性是相等的，因此没有什么可以否定这个观点。其他人则认为从莱布尼茨开始，"这个宇宙是所有可能存在的宇宙中最好的一个"的逻辑中最大的问题是，大多数人会陷入反乌托邦，从而助长消极主义。既然我们的世界好太多了，为什么要改变呢？

宇宙学家大卫·德伊奇和麦克斯·泰格马克是相信平行宇宙确实存在的理论家之一。在一期《科学美国人》中，泰格马克计算出我们的银河系有一个孪生兄弟，地球也有一个孪生兄弟，而那个地球又有"你"的孪生兄弟。毫无疑问，那个宇宙中肯定也有这本书的一个孪生版本。想想看，如果"多世界诠释"是真实的，那么在某些平行的世界里，这本书将赢得美国科学促进协会图书奖，但同时也会存在未赢得该奖的世界。

第一部分 太空

06

《世界大战》：
科幻小说如何让人们相信外星人会入侵？

"'但是，如果这些世界已经有人居住，那么谁还会住在这里呢？我们，还是他们，才是世界之主？万物是如何为人而造的呢？'——开普勒（引自《忧郁的剖析》）"

——H.G. 威尔斯，《世界大战》

"在 20 世纪初，我们才知道我们这个世界正在被一种比人类更先进，并且同样也会死亡的智慧生命聚精会神地注视着。自高自大的人类来往于世界各地，忙着干自己的事，以为控制了这个太阳系中不停旋转的一小片木头，就洋洋自得。人类从黑暗神秘的时空里，接到了这块小木头，这也许是偶然，也有可能是事先设计好的。然而，越过茫茫的宇宙深渊，隐藏着无数冷酷无情的智慧生物。他们的智慧和我们相比，简直就像我们跟野兽相比一样。这些更有理性、更冷酷并且毫无同情心的智慧生命正在用嫉妒的眼睛观察着地球。他们慢慢地酝酿着攻击我们的计划。于是 1939 年，人类的灾难降临了。10 月 30 日，在这个特别的夜晚，克罗斯勒广播公司估计有 3200 万人在收听广播。"

——《世界大战》电影中关于火星人入侵的广播

"重要的是，在我们人类历史上，人赋予上帝的所有特性都可以同样赋予这些生物

第一部分 太 空

体，他们在几亿年前处于跟人类同样的发展阶段，最后进化成某种与人类差异甚大的生物，这就跟人与他们最初在淤泥中出现时差别巨大是一个道理……在浩渺无边、永恒不变的宇宙中，任何事都是可能的，我们甚至都无法弄懂这些可能性的最表层的东西。但是在人类准备要登上月球的时刻（1968 年），我认为很有必要开放我们的思想，去积极推测各种可能性，不要再把思想局限在地球上。没有人知道宇宙中等待我们的究竟是什么。一位天文学家最近写道：'有时我觉得我们很孤独，有时我觉得我们不孤独。不管在哪种情况下，这种想法都是令人非常吃惊的。'我认为他是个非常杰出的天文学家。"

——斯坦利·库布里克专访

科幻小说中的莎士比亚

1968 年，美国电影导演斯坦利·库布里克接受了一家杂志的专访。当时正值库布里克的新片《2001 太空漫游》上映，该片改编自英国科幻作家阿瑟·C. 克拉克著名的外星人假说，该假说在 1966 年至 1969 年达到顶峰。这个假说是基于他坚定地相信世界各地的 UFO 目击事件和与来访外星人的近距离接触事件是真实存在的，这也对科幻小说产生了极大的影响。

库布里克和克拉克的《2001 太空漫游》以其对神秘的、存在的和难以捉摸的外星人的成熟描绘而闻名，这将科幻电影提升到了一个新的水平。著名影评人罗杰·艾伯特在被问到哪些电影可以到 200 年后仍会为观众所熟悉时，他的选择是《2001 太空漫游》。

另一位评论家引用了扬布拉德在其 1970 年的著作《扩展电影》中的话，称这部电影是"电影的划时代成就"和"技术杰作"。是这部电影，而不是这本书让克拉克成为世界上最受欢迎的流行科幻作家。库布里克的杰作巧妙地运用了外星人假说，其很快成为备受关注的经典，但不是所有人都能理解它。然而，当被问到外星人入侵的主题为何如此流行时，库布里克开始回顾历史，他先是提到了 H.G. 威尔斯，然后是奥森·威尔斯。

科幻小说中的科学

英国科幻作家 H.G. 威尔斯对公众的影响是巨大的,他是《时间机器》和《世界大战》等经典作品的作者,他创新了科幻小说和公众想象中的时间和空间等主题。

威尔斯创造了外星人的理论。有学者评价:威尔斯的早期著作在某种程度上是神话,威尔斯先生是一个神话创造者。

库布里克深知由威尔斯提出后,外星人将是探索人类的奇点或非重要性的有力途径。在这些探索中,与外星人接触事件的真实与否成为需要验证的问题,并影响了后续的外星人假说和 SETI 科学计划。正如布莱恩·奥尔迪斯在 1973 年出版的《亿万年大狂欢:西方科幻小说史》一书中所说,"威尔斯是所有想象中的新世界的精神支柱,也是科幻小说中的莎士比亚。"

在最初版的《世界大战》中,H.G. 威尔斯笔下的火星人被描绘成漆黑太空中的特工。他们有怪异的形体外观和思维方式。火星人的三足飞船在外形上远胜于人类的战舰,在智力上火星人也远超过人类。身体虚弱但精神亢奋的火星人和他们的先进机器是压迫人类的工具。他们的热射线枪和毒气弹是残忍的大规模杀伤性武器。所有友善接触的尝试都是徒劳的,这进一步强化了外星人是虚空中冷酷无情的存在的想法。

威尔斯对火星人的文化只字不提,令人感觉更加陌生。火星人的文化似乎已因熵增定律而在衰败,最终成为入侵地球的借口而已。火星人对人类文化也不感兴趣。仿佛吸血鬼一般,他们只对人类的血液感兴趣——他们露出庞大而锋利的尖牙和爪子。如果你对绝望的火星人感到同情,那你很快就会醒悟,你只是把感情投射到了根本不是人的生物身上。

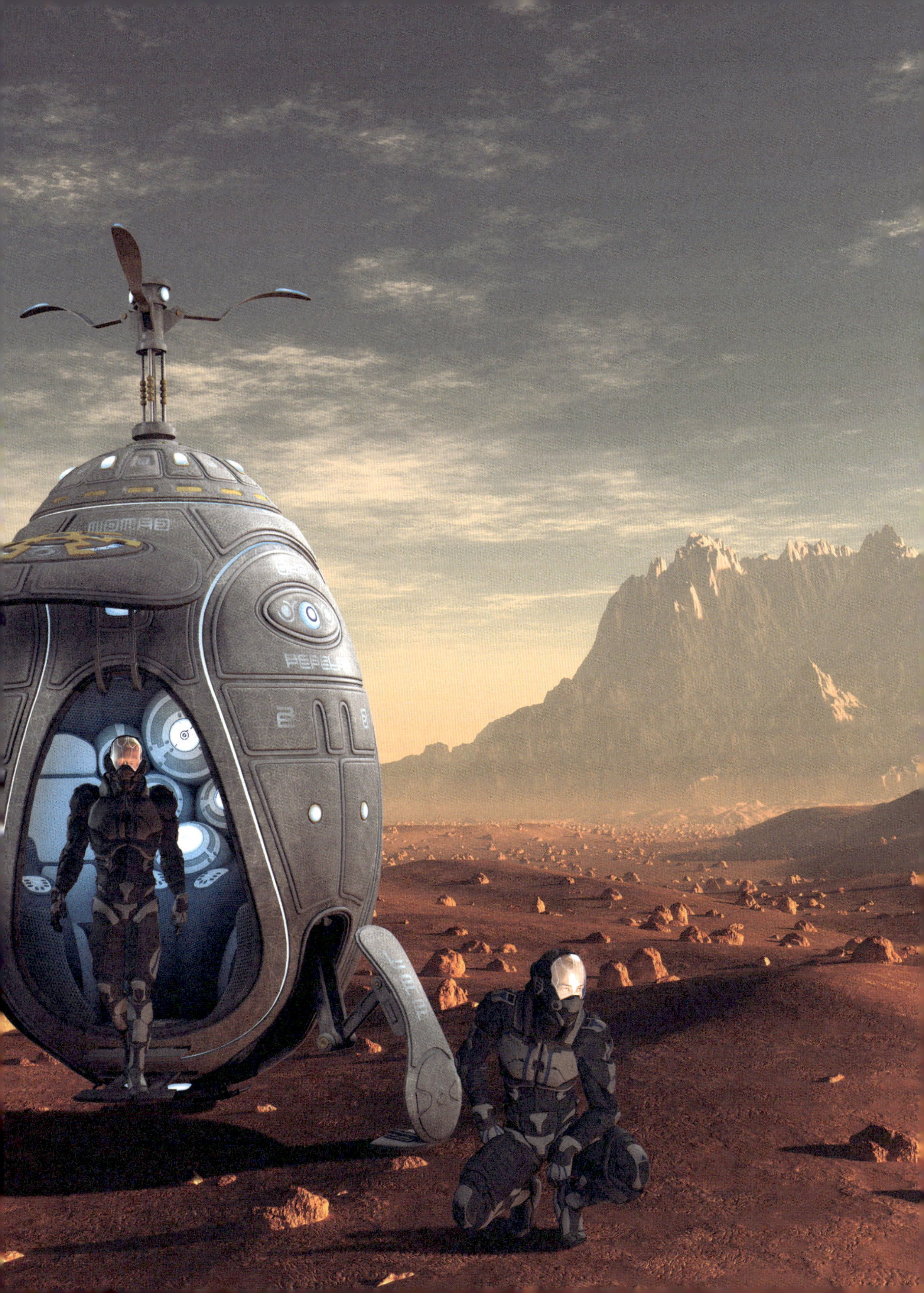

火星人也具有政治性。威尔斯显然描述了火星人如何残酷地殖民地球，但正如他在《世界大战》中所说："在我们严厉评判他们之前，我们必须记得人类对本物种中的弱势种族带来过多么残酷和彻底的伤害。如果火星人只是秉持着同样的道德观入侵地球，我们还有资格抱怨吗？"

威尔斯在写外星人的时候也是在写我们人类的世界。火星人是对科学被大量应用于工业时代的一种含蓄的批评。在这种视角下，《世界大战》是对人类的社会机器、人逐渐沦为无名的牲口、对任何系统性的不人道的行为漠不关心以及疏离感的控诉。整个场景合在一起，激发了读者对火星人及其外星本性的恐惧和厌恶。

广播中的火星人

演员和电影制作人奥森·威尔斯因《世界大战》的广播版而出名，他改编并导演了 H.G. 威尔斯的《世界大战》，1938 年 10 月 30 日，该广播剧在美国作为万圣节特别节目播出。

节目时长 1 个小时，前 40 分钟是以模拟新闻简报的形式播出的。在一段舞蹈音乐的背景下，第一条插播的新闻报道了科学家在火星上观测到的一系列奇怪的爆炸现象。紧接着是一篇看似无关的报道，称新泽西州格罗弗磨坊小镇附近的一个农场上有一个奇怪的物体坠落。

当然，后来的情节就是：火星人从坠落的物体中走出来，用热射线枪攻击当地人。紧接着是一系列关于外星人入侵地球的直接报道，在美国和世界其他地区发生的这样的入侵是如此的戏剧性而又具有毁灭性。

在威尔斯的节目播出之后的几天里，媒体对该节目普遍持批评态度。部分报纸和评论员认为，威尔斯导演使用真实新闻公告的形式具有欺骗性。尽管如此，这一节目还是让威尔斯成为了著名的剧作家。

第一部分 太空

库布里克在 30 年后的一次采访中提到了这部改编的广播剧,据称其因引起大众恐慌而出名。可能是因为许多听众是从音乐间歇开始收听《世界大战》的,没有听到开头的关于该剧是一部戏剧的声明。

库布里克也没有错,他可能想到了"火星入侵"之类的报道。普林斯顿大学教授哈德利·坎特里尔估计,约有 600 万人收看了《世界大战》的广播剧。坎特里尔表示,其中约有 170 万名听众相信这是真实事件,120 万人被吓呆或陷入恐慌。

事实上,根据许多常见的说法,成千上万的纽约居民因"火星人入侵"而逃离家园。据说,惊恐的人成群结队地涌入美国各个城市的街道,试图一睹火星人的三脚飞船和在他们眼前真实发生的太空接触。《纽约每日新闻》的电台编辑本·格罗斯在他的回忆录中写道,那天晚上,纽约的街道"几乎空无一人"。但真正陷入恐慌的似乎是新泽西州格罗弗磨坊小镇的一小部分居民。因为广播剧里说,格罗弗磨坊小镇上的水塔被当成了巨大的火星人战争武器,后来,居民们用装满子弹的枪向水塔扫射,以示报复。

1998 年,在威尔斯的原著问世 100 年后,格罗弗磨坊小镇的居民举行了一场轻松的"火星舞会",以纪念该事件发生 60 周年。

不必恐慌!

事实上,没有多少美国人听过威尔斯的那个广播节目。大多数人收听的是当时最受欢迎的全国性节目之一——口技大师埃德加·卑尔根的《追逐和桑伯恩小时》,这个节目和《世界大战》同时播出。事实上,巧合的是,当晚有一项广播收听率调查,对大约 5000 个家庭进行了电话访问。调查结果显示只有 2% 的人听了《世界大战》。不仅如此,哥伦比亚广播公司的几个主要分支电台甚至没有播放威尔斯的节目,这进一步的减少了听众人数。

毫无疑问,威尔斯对自己试图向公众灌输一点火星人恐慌思想的意图心知肚明。他播放了赫伯特·莫里森关于兴登堡灾难的著名广播报道录音,以更好地营造他想要的氛围,但所谓恐慌似乎主要是报纸上的假新闻。《纽约时报》刊登了文章:《恐慌中的电台听众,将战争剧视为事实》,《芝加哥先驱报》和《审查员》选择了"电台虚假恐吓国家"这一标题,《旧金山纪事报》宣布"美国受到来自火星的电台人员的恐吓"。据说在一个月内,全世界发表了 12500 篇关于外星人引起大规模恐慌的文章,后来,大多数报纸很快就放弃了这一事件。正如伟大的爱尔兰讽刺作家乔纳森·斯威夫特在 1710 年所写的那样:"谎言会飞,真相会姗姗来迟。"

报社利用威尔斯的广播剧攻击电台的可能性更大。报社是有明确的行动计划的。《纽约时报》的一篇社论称,《世界大战》节目被用来谴责当时还是新事物的广播媒体,广播媒体也是报社在提供新闻和广告方面的竞争对手。传媒教授杰斐逊·波利和迈克尔·J.索科洛写道:"听众发生恐慌的故事是如何开始的?美国的报社造成的。"大萧条期间,广播媒体从纸媒体抢走了广告收入,严重损害了报业的业务。因此,报纸抓住威尔斯的广播剧带来的机会,诋毁电台作为可靠新闻来源的声誉。报业炒作这场恐慌是为了试图向广告商和监管机构证明,电台的管理是不负责任的,它们不值得我们信任。"

考虑到引发的这些争议,尝试复制威尔斯在 1938 年的广播剧确实需要非常大胆,但莱昂纳多·佩斯和爱德华多·阿尔卡拉斯于 1949 年 2 月在厄瓜多尔的基多电台来了一次西班牙语版本的相同操作。据报道(必须强调!),广播剧引起了群众恐慌。当地警察和消防人员冲出城镇,与想象中的外星入侵者战斗。当人们意识到这是科幻想象力的又一次胜利时,恐慌演变成骚乱,导致数人死亡,其中包括佩斯的女友和侄子。基多电台和当地报纸 *El Comercio* 的办公室被烧毁,*El Comercio* 在广播前几天刊登了有关不明飞行物的报道,为这场骗局推波助澜。

第一部分 太空

07

《阿凡达》：
宇宙中存在其他地球吗？

"宇宙中有无数个太阳，有无数个地球绕着这些太阳公转，公转方式和我们七颗行星绕太阳公转一样。生物就居住在这些世界中。"

——佐丹奴·布鲁诺，《论无限、宇宙和诸世界》

"在浩瀚的宇宙剧场里，地球只是一个极小的舞台。想想所有那些帝王将相杀戮得血流成河的场面，他们的辉煌与胜利，使他们成为光点上一个部分的转眼即逝的主宰；想想一个角落的居民对某个别的角落几乎没有区别的居民所犯的无穷无尽的残暴罪行；他们的误解何其多也，他们多么急于互相残杀，他们的仇恨如此强烈。"

——卡尔·萨根，《暗淡蓝点：展望人类的太空家园》

"我们不想征服宇宙，我们只是想把地球的边界延伸到宇宙的前沿。我们不想奴役其他种族，我们只是想留下我们的价值观，并接管他们的遗产作为交换。我们寻找的是人，而不是任何其他东西。我们不需要其他世界。我们渴望找到自己理想化的形象，它们必须是比我们的地球更完美的星球，比我们的文明更完美的文明。我们期望在其他世界身上找到我们自己原始的影子。"

——斯坦尼斯瓦夫·莱姆，《索拉里斯星》

第一部分 太空

原子论者

宇宙中的"其他地球"的提法在科幻小说中已经流行了好几个世纪。电影《阿凡达》讲述了人类在 22 世纪中叶殖民潘多拉行星的故事。电影的时代背景设定在两百年后，但让我们回到两千年前。这趟时光之旅将是值得的，它将揭示出在"其他地球"的概念上，科学和科幻相互影响的悠久历史。

让我们想象一下，在其他行星上有像我们这样的、信仰始于那个星球古希腊时代的、想象力丰富的原子论者。根据原子论者的说法，宇宙是由无数微小的不可分割的粒子组成的。原子论者同样相信虚空的存在：即原子在其中永恒运动的虚无空间。将虚无的概念带入哲学是一个大胆的尝试。许多早期思想家，如亚里士多德，他认为宇宙是一个充满了看不见的东西或让人感到恐惧的真空的空间。大自然厌恶真空，但原子论者认为，需要原子和真空来解释自然界丰富的多样性。

著名的原子论者之一是公元前 5 世纪的希腊思想家德谟克利特。德谟克利特与希腊原子论的奠基人勒基普斯一起，对早期宇宙学和整个宇宙的研究产生了重大影响。罗马的希波利图斯是一位生活在公元 3 世纪的教会学者，在他《对所有异端的驳斥》一书中记载，原子论者坚信宇宙包含许多世界：

"德谟克利特和勒基普斯对元素的看法是一样的，无论是存在物质还是虚空……他提到物质是在虚空中永恒运动的东西，还有无数的世界，大小各异。在某些世界中没有太阳和月亮，在另一些世界中的太阳和月亮比我们世界的还大，而在另外的世界中会有多个太阳和月亮。世界之间的距离是不相同的。宇宙有些地方的世界多一些，有些地方的世界少一些，有些地方的世界在增加，有些地方的世界正在巅峰，有些地方的世界正在衰退，有些地方的世界在不断涌现，而在有些地方的世界正在消亡，有些世界不存在任何动物、植物或水分。"

原子论者也会进行有益的民主辩论。这似乎名正言顺，因为"民主"一词正是源自德谟克利特的名字。对于大多数原子论者来说，相信存在许多"其他世界"也意味着相信宇宙应该遍布生命。这些"其他世界"在永恒的运动中来来去去，不断出现、消失，有的刚刚诞生，有的已经消亡。但宇宙中这类拥有生命的星球是遥不可及的。原子论者所说的"世界"并不是指另外一个像我们的太阳系一样的星系，而是从地球上可以看得见的星系。所以"其他世界"并不是指行星围绕恒星运行的遥远地外星系。相反，每一个"其他世界"都是一个自恰的宇宙，就像我们自己的宇宙一样，以地球为中心，行星和恒星在穹顶环绕。也许这些"世界"可以被称为"其他领域"，这很像当代的"多元宇宙"理念，即从我们自己的宇宙中看不见也无法到达的其他宇宙的集合。希腊人的这些"其他世界"可能与古代世界同时存在，也可能在时间上形成线性序列。

最著名的原子论者是伊壁鸠鲁。他在许多著作中力挺存在多个有人居住的世界的观点，包括他写给他的门徒希罗多德的信。这封信阐明了伊壁鸠鲁对"其他世界"的看法：

"此外，有无限多的世界与我们的世界既相似又不同。因为原子的数量是无限的……它们被带到了遥远的太空中。因为这些原子创造出一个世界或组成一个世界，它们既没有在一个世界中或在有限数量的世界上被耗尽，也没有在所有相似的世界中耗尽，也没有在其他与这个世界不同的世界中耗尽。因此，无限多的世界的存在不存在任何障碍。"

原子论不仅是一种宇宙观。类地星球和遍布拥有生命的行星的宇宙的概念是从他们的世界观中通过逻辑推理得出的。伊壁鸠鲁的信奉者们相信存在无限多的由无限数量的原子构成的世界。伊壁鸠鲁主义中的"世界"一词是"kosmos"，是指一个有秩序而不是混乱的系统。世界是指他们可观察到的宇宙，他们构建了一幅存在无限多的这种世界，超越了感官直觉，但不超越理性的图景。这幅宇宙图景背后的原子论推理相当完备：因为一定有无限数量的原子，而无限数量的原子不可能被我们的有限世界耗尽，所以，由于我们的世界是由运动着的原子偶然碰撞而诞生的，其他世界也必然是以同样的方式形成。

伊壁鸠鲁也相信地外行星上有生命存在。在给希罗多德的同一封信中，他阐明了对外星生命的早期看法：

"此外，我们要相信，在所有的世界中，都有动物、植物和我们在这个世界上看到的东西。因为确实没有人能够证明，在一个世界中，可能或不可能存在构成动物、植物以及我们所看到的所有东西的种子，但在另一个世界里却不可能有这样的种子。"

伊壁鸠鲁和原子论者的无神论世界观并不是每个人都喜欢的。以 13 世纪意大利的杰出诗人但丁·阿利吉耶里为例。他的伟大诗作《神曲》是一部开启但丁时代的基督教世界的旅程指南。《神曲》中的故事带领读者经历地狱和天堂。正是在地狱中，人们找到了伊壁鸠鲁和他的原子论追随者。

《信史》：古希腊的外星科幻

原子论者把无与伦比的逻辑和古希腊式的庄重设置为背景。还有什么能比富有创造力和想象力的奇思妙想更能描绘出其他星球上可能存在的外星生命呢？卢西恩是一位用希腊语写作的演说家和讽刺作家。卢西恩写的古老传奇《信史》，是一部关于宇宙中其他地外行星的生命可能是什么样子的科幻小说，充满了对神的不敬和奇妙想法。《信史》是已知最早的描写其他世界和外星生活的小说。与《阿凡达》一样，卢西恩的故事也以星际帝国主义和战争为主题，但比 H.G. 威尔斯和儒勒·凡尔纳早了 1700 多年。

故事开始于一群喜欢冒险的人物的月球旅行。卢西恩巧妙地描写了与月球和其他星球的初次接触。在描绘大量的外星奇观之前，卢西恩首先描述人类熟悉的感官，从站在月球上的叙述者的视角来看，我们的世界就像月球"下面"的另一块土地，站在任何其他行星看也完全相同。

在月球上，旅行者们目睹了月亮王和太阳王为争夺晨星殖民地展开的一场战争。与《阿凡达》一样，参与战争的军队由各种神奇的士兵组成：云朵构成的半人马、麦秆蘑菇人，以及狗脸橡子骑兵。很明显，月亮、太阳、星星和行星是借用现实为背景，各有其独特的栖息地和人种。《信史》体现的是原子论者对宇宙中的地外行星的态度和想象力产生的深远影响。

《信史》是革命性的作品。在这部作品中，卢西恩体现了当代思想，并用它们描绘了不同的世界，使读者具备看到事物的新视角。读者们在某种程度上脱离了常规的思维方式，被引导思考其他世界和地方。像许多后来的人一样，卢西恩引导读者去反思现实世界中的思维习惯。难怪许多人认为卢西恩的书是历史上第一部真正的科幻小说，这类小说以其对一个与我们完全不同，却有相似的科学知识的另类世界的描述而闻名。

像《阿凡达》一样，卢西恩的书生动地描绘了其他星球，尤其是月球世界。他首先描述了月亮王和太阳王之间的战争，仿佛是宇宙版的古希腊帝国扩张混战。书中描写了战争武器、深思熟虑的战术和策略，甚至是战斗中负伤的科学细节。从中可以推导出他笔下的月球世界的人类学和生物学。其中月球人的服饰，他们的饮食，和他们的生理的实质细节等方面都有被描写到。月球世界被呈现为一个与地球平行的世界，具有与地球相同的复杂性。和科技革命之后的科幻小说一样，卢西恩的小说讲述的是在科学框架内构建起来的幻想世界。

作为伊壁鸠鲁的崇拜者，和其他原子论者一样，卢西恩是一个想象力多元论者。他有一种质疑思维，对自然界和人类社会的奇妙变化充满好奇。卢西恩是一个彻底的怀疑论者。他非常清楚，很多被抛弃的旧神话正以新哲学伪装的形式重新出现，而思辨则堕落为伪科学。卢西恩的书被称为"最早的非传统主义科幻小说"。《信史》中对陌生的世界的大量描述正是未来事物的样子。

08

《太空堡垒卡拉狄加》和《星际迷航》：为什么太空战争错得离谱？

"披头士乐队在演艺界没有前途。我们不喜欢这些孩子的嗓音。这个组合已经过时，尤其是吉他四人组已经完蛋了。"

——迪卡唱片公司对披头士乐队老板布莱恩·爱普斯坦说的话

"为什么本卷中给出的观点会震撼人们的宗教情感？我实在看不出有什么好的理由。"

——查尔斯·达尔文，《物种起源》序言

"未来的计算机重量可能不超过 1.5 吨。"

——《大众力学》杂志

"火箭将永远无法摆脱地球大气层。"

——《纽约时报》

"人类不可能利用原子能。"

——美国物理学家、诺贝尔奖获得者罗伯特·密立根

糟糕的预测和太空航行

科幻小说对于太空航行、原子弹和手机等预测可能是正确的，但有很多时候则会出现令人尴尬的偏差，例如诸如知识灌输头盔、代餐药片等发明的出现。

以电脑为例。以前的科幻小说创作的年代，电脑还是新事物，而且尺寸非常庞大，让科幻作家们很难想象未来的电脑会小型化到可以戴在手腕上。因此，科幻小说中经常提到电脑，好像每个城镇或城市只要有一台电脑就够了。曾经有一个美国小城的市长激动地发表关于新发明的电话的名言："我可以预见到将来美国每个城市都会有一部电话。"

一个多世纪以来，科幻小说一直在展开对火星人的想象，从而影响了美国大亨珀西瓦尔·洛威尔等人，他在19世纪90年代认为自己通过望远镜看到了火星上的"运河"。20世纪初，一位法国妇女举办了一场关于地球以外生命存在与否的征文比赛，她在比赛规则中禁止使用火星这一主题，因为火星上存在生命的答案"太明显了"。参赛者们被迫选择另一个星球。

当然，还有臭名昭著的喷气背包。发明喷气背包的逻辑是这样的："既然飞机有点像飞行巴士，对吧？为什么不能每个人都有一个私人喷气背包，就像一架小型直升机一样？我们可以像苹果公司一样给它命名为 iJet！"经过进一步的思考，父母们的脑海中也许开始出现这样的画面：他们十几岁的孩子不再在公路上飙车，而是在空中飙喷气背包，而警察想在自由的天空（iSky）中抓住他们是不现实的。故而他们默默地祈祷喷气背包永远不要出现。

科幻小说也出现过一些关于太空航行的或古怪或奇妙的想法。正如本书其他部分所讨论的，宇宙飞船在莎士比亚还活着的时候就被想象出来了，当时伽利略第一次使用新发明的望远镜，开普勒就立刻想象出了在"以太"中航行的飞船。开普勒也写过科幻小说，在人类登上月球前350多年，他用想象力的力量构想出了宇宙飞船。

想象自己远航到太空是一回事儿，但想出一种真正能到达太空的方式是另一回事儿。

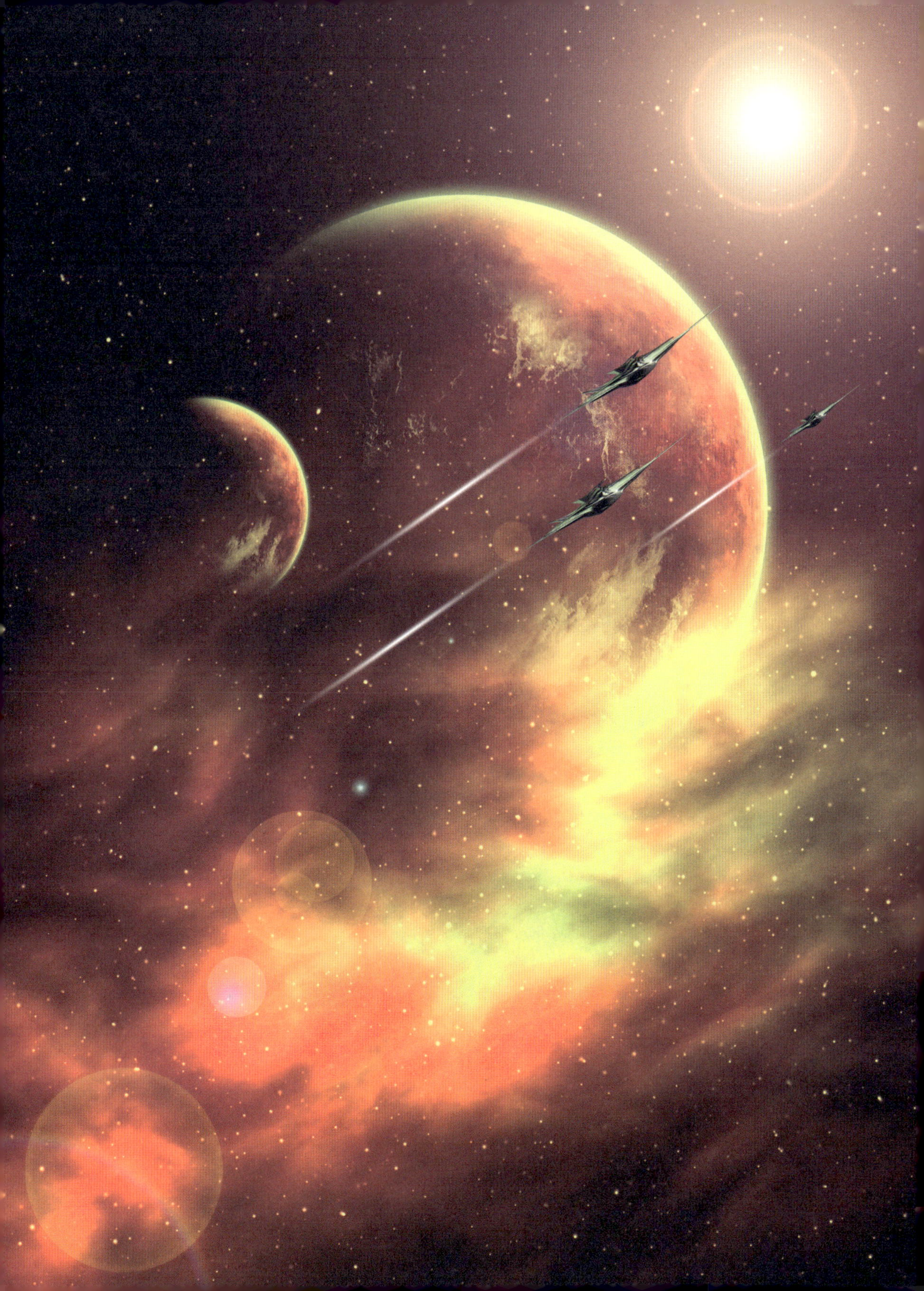

小说作家早在开普勒之前就已经这样做了。例如，在公元 160 年，卢西恩在他的科幻小说《信使》中写了一次太空旅行。卢西恩笔下的冒险家进入太空的巧妙方法是运用巨大的水龙卷，将他们推到空中，水龙卷的力量之强大，使得他们最终进入了太空。而冒险家们在太空旅行中如何呼吸这种小事似乎并没有让卢西恩担心。

在中世纪那种科技欠发达的时代背景下，也许是卢西恩的水龙卷的推动方式需要极其巨大的扰动力，科幻作家探寻了随机性更小一点的方式。《月中人》一书选择的登月方法是鹅。是的，戈德温笔下的月球旅行者在自己身上绑了三十多只鹅，这些鹅带着他飞得越来越高。实际上他没打算飞到月球，但他想起来，鹅每年都会迁徙到月球上冬眠，因此就跟着它们来到月球上，开始了他的冒险之旅。

如果你不喜欢跟着鹅飞，还有露水可供选择。也许脑洞最大的推进方法要数浪漫的法国英雄西拉诺·德·贝格拉克发明的。他的推理是这样的：露珠是清晨最先出现的，

但当阳光照射到露珠上时，露珠蒸发，上升到空气中，所以西拉诺笔下的主人公收集尽可能多的露珠，装到瓶子里，并将几个瓶子牢牢地系在腰上。当他站在早晨的阳光下，嘿，见证奇迹的时刻到了，蒸发的露水把他带上了月球！

太空战争

《世界大战》中描写火星人把战争带到了地球上，这是所有早期科幻小说中最有影响力的故事之一，科幻小说对人类的太空战争观念的影响是如此之大，以至于很难想象出在太空中真实的战争会是什么样子？科幻小说中想象出来的太空战争已经司空见惯。在《太空堡垒卡拉狄加》或《星际迷航》中，我们可以看到彩色激光束或光子鱼雷在黑暗中发出震耳欲聋的声音，曲线流畅的宇宙飞船在空旷的太空中呼啸而过。由于在影视作品中，科学的真实性往往要排在想象力之后，所以太空战争很少是真实的情景。相反，在过去半个世纪的科幻文化中，科幻小说的巨大影响力已经让我们在潜意识中接受了这些事物：在太空快速移动，有翼航天器，照亮太空的激光以及太空战士之间的即时通信。

真正的太空战争和这些情景是很不一样的。以有翼航天器为例，从《星球大战》中的X翼到《星际迷航》中的克林贡战斗巡洋舰，许多科幻作品中的飞船都采用了空气阻力更小、速度更快的襟翼，然而，除了遭遇不测坠入由厚厚的大气层包裹的星球之外，宇宙飞船根本不需要机翼。飞船只有在大气中升空时才需要机翼。实际上，宇宙飞船可以是任何形状的。克拉克和库布里克在拍摄《2001太空漫游》时意识到了这一点。这部电影的飞船"发现一号"是一艘星际飞船，基于深思熟虑但尚未实现的科技，它由一个15米高的球体居住舱和一个长长的储罐组成。"发现一号"的创造灵感来源于1962年由美国国家航空航天局资助的一项名为"EMPIRE"（早期载人行星-行星际往返考察，Early Manned Planetary-Interplanetary Round-Trip Expedition）的研究成果，该研究产生了许多概念飞船。库布里克否决了一个带有散热功能的翅膀的"发现一号"原型，因为翅膀可能会误导观众认为"发现一号"是要在大气层中飞行。

所以,带翅膀的宇宙飞船是错误的。那飞船间或行星间通信是怎么个情况呢?在大多数科幻电影中,远距离通信似乎是瞬间传输、无延时的。然而,如果一场太空战争在火星附近爆发。不要惊讶。战斗似乎总是在火星附近爆发。毕竟,火星是以战神马尔斯命名的,火星的两颗卫星是以希腊神话中的福波斯(恐慌和恐惧)和戴摩斯(惊骇和胆怯)命名的,在希腊神话中,他们总是和战神父亲并肩战斗。如果火星是遭受外星人攻击的地球殖民地之一,地球上的任务控制中心试图与我们的火星舰队取得联系,实际上会有一个时间的延迟,而这个延迟很大程度上取决于火星当时与地球的距离。如果火星与地球位于太阳的同一侧(哥白尼提示:地球和火星都绕太阳公转),则单向信号传输延迟约为 4 分钟,但如果火星和地球位于太阳的两侧,则单向信号传输延迟最长约为 24 分钟。简言之,在战斗中与飞船外的太空战士交流既复杂又缓慢!正是因为这个原因,伟大的美国科幻作家乌苏拉·K.勒金想象出了一种名为 ansible 的让用户和太空战士都能在星际距离上即时交谈的小设备,这一命名也是 answerable 一词的缩写。

"在太空中,没有人能听到你的尖叫",这不仅是科幻电影,还是整个电影史上被引用和模仿最多的台词之一。但科幻电影制片人似乎还没有从电影《异形》中的这句台词发现真理。我们经常在电影中听到太空中的爆炸。从死星到机器人,经常会发生各种爆炸。但是,由于太空中没有空气传播形成声音的压力波,毁灭时的"声音"实际上是静默。

让我们回到太空战斗本身。所有的飞船都是有质量的,所有的质量都有一个等于质量乘以速度的称为动量的属性。物体的动量是守恒的,所以如果你从你身上发射质量作为武器,它会使你加速或减速。在科幻电影中,宇宙飞船大多朝着与移动方向相同的方向发射,但如果此时飞船也准备加速,由于动量守恒,飞船的速度会降低。在真正的太空战争中,飞船更有可能向其他方向开火,因为损失速度意味着浪费宝贵的燃料。真正的太空战争中将出现形状怪异的飞船,用不会导致飞船降速的矢量无声地发射炮弹,并从新发明的 ansible 或根据任务指挥部的某种预先确定的策略在某种时间延迟中接收任务命令。

科幻小说扰乱我们认知的是什么呢？实际上，在太空中，没有真正的上方，也没有下方，所以飞船不会简单地在太空中排列整齐在宇宙中形成对峙。一场真正的太空战争将是远超人类想象的全方位随机攻击！

09

《火星救援》：
我们什么时候可以移民太空？

"我们都厌倦了被困在这个宇宙的小斑点上。在这里，大海枯燥乏味，天空死气沉沉。月亮也只有一个，半死不活地挂在天上。这个星球也许已经进入垂暮之年。有人说，希腊太小，已容纳不下希腊文明。同样，在我看来，人类未来的荣耀，也至少依赖于对太阳系的探索！"

——约翰·雅各布·阿斯特,《异域旅行记》

"我写了一份手稿，推测了人类的最后一次迁徙，其中有派往恒星分布茂密的太空区域的探险队。他们携带浓缩了的全部人类智慧，利用原子能或氢气、氧气以及太阳能……（手稿）被装在一个内信封里，里面的文字应该只能由乐观主义者阅读。"

——罗伯特·戈达德

"已经无法回到过去，正如威尔斯曾经说过的那样，只有两个选择，一是宇宙，二是没有选择。虽然人类和文明渴望歇息，渴望安逸度日，但这是一种在不知不觉中走向死亡的欲望。跨越两个世界之间的浩瀚空间，困难可想而知。但如果我们不能战胜这个困难，我们人类的故事将接近尾声。"

——阿瑟·C.克拉克,《星际航行》

第一部分 太 空

奔向太空的飞船

马克·沃特尼在电影《火星救援》中的旅程始于飞船。飞船成为探索的利器，始于中世纪的发现之旅。德国作家贝托尔特·布莱希特写著名戏剧《伽利略传》的时候，就对飞船的能量了如指掌。在第一幕里，布莱希特通过这位来自托斯卡纳的著名天文学家的嘴说道：

"两千年来，人们一直认为太阳和天空所有的星星都围着自己转动……城市窄小，人们的头脑也同样窄小。迷信和瘟疫到处流行。但是我们现在敢说：如今是这样，将来不会永远是这样。我常想这一切是从船开始的。在人们的记忆里，船只能沿着海岸航行，但突然间它离开海岸，穿洋渡海，远走高飞了。我们这个古老的大陆早就有传说：还有许多新大陆呢！自从我们的船只航行到那儿，我们这个欢笑的大陆人们都在说：这个巨大可怕的海洋只不过是一个小水池罢了。研究一切事物的根由引起了大家强烈的兴趣……千年来被信仰统治着的地方，现在被人怀疑了。人们都在说：对，那是书本里写着的，但是现在让我们亲眼看看究竟是怎么回事吧。"㊀

科学、探索新大陆和贸易，当这三者的目标渐渐趋向统一的时候，帝国的黄金时代就到来了。科学和轮船是重中之重。要建立一个帝国，你要知道你处在什么样的位置，拥有什么条件。最佳贸易路线都是依赖于海上的。贸易路线上的远航速度，以及船只的可靠性，在很大程度上可以决定贸易控制权。美洲的发现、在这片新大陆上的探索以及对统治权的争夺，让人们对科学有了更大需求。科学发现最早的武器之一，就是轮船本身。

伽利略的望远镜变成了某个型号的轮船。让我们看看他是怎样驾驶这艘船的。伽利略是观察者，他那个时代的世界只是个旁观者。他搭上这艘船，驶入一个只有科幻小说

㊀ 摘自《伽利略传》，丁扬忠译。（上海译文出版社，2012-01-01）

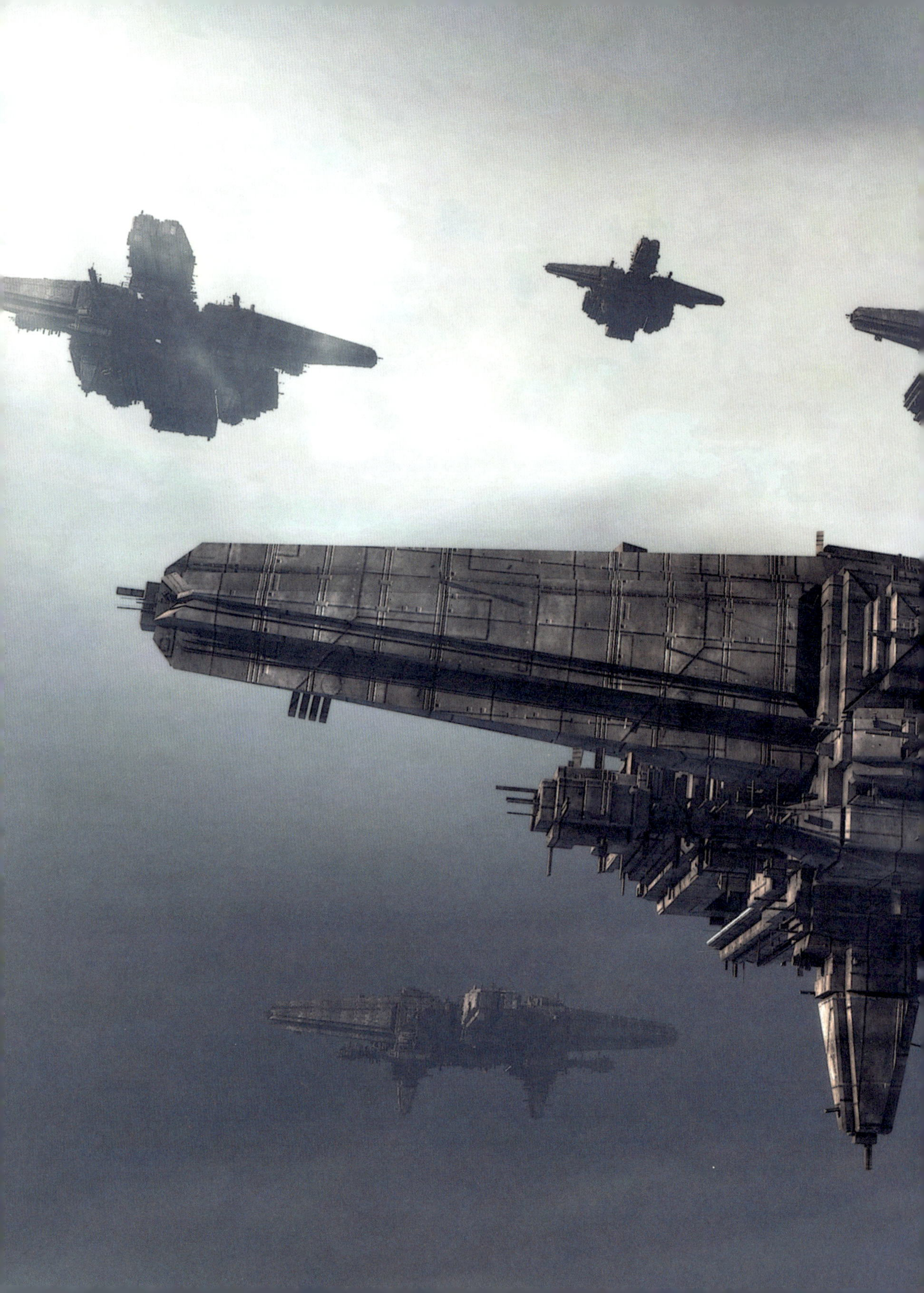

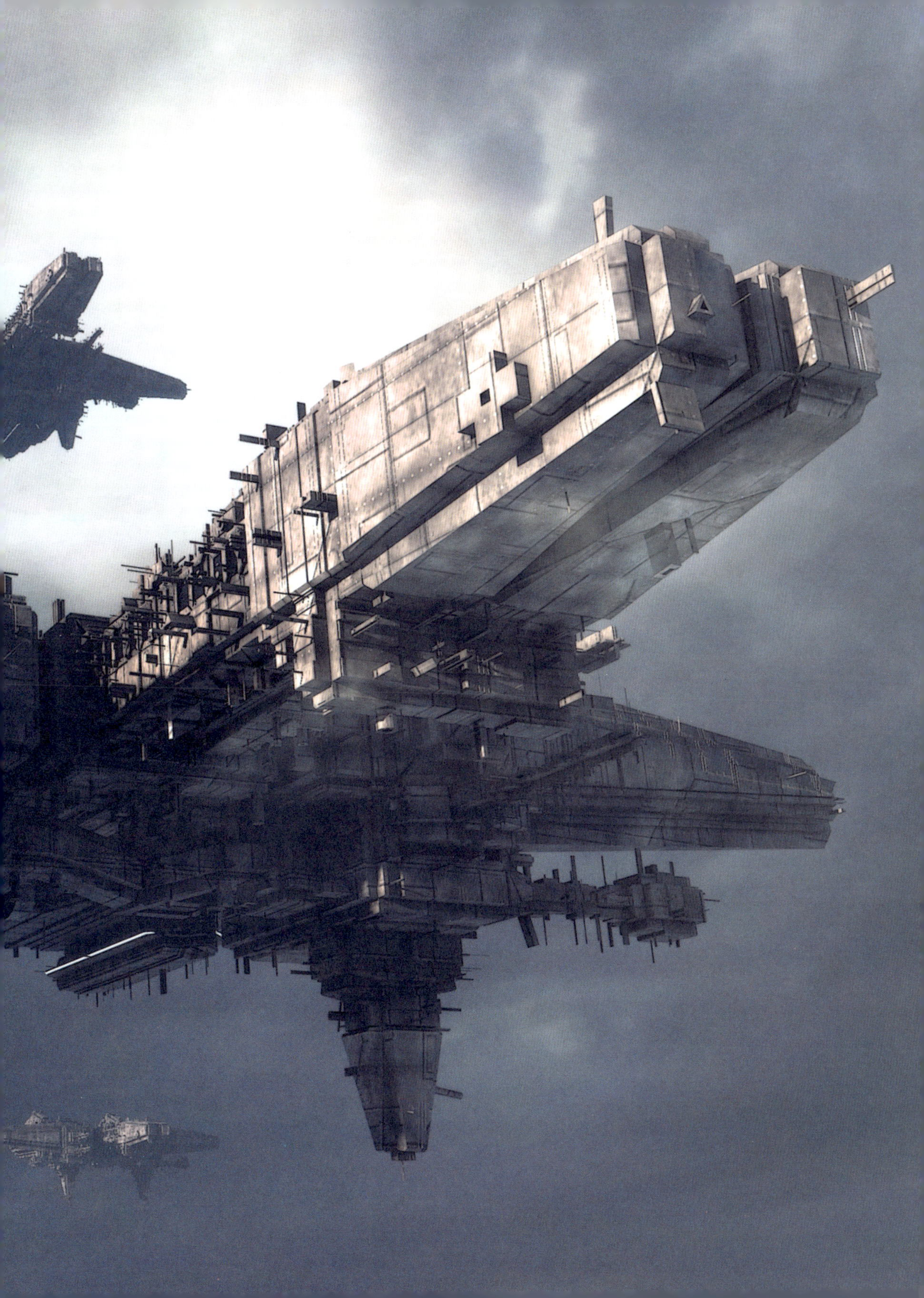

家才能想象出来的地方。坐船的时候，我们都知道轮船要驶向何方，伽利略的望远镜也是如此，它的目的地也须公之于众。如果你不相信伽利略说的话，那你可以亲自上阵观察。如果轮船提供了地球新大陆的证据，那么望远镜是不是很快就能给我们呈现太空新大陆的证据？

飞向外太空的冲动

中世纪早期的科幻小说都是关于太空航行的。开普勒的《月亮之梦》可以说是这类科幻小说的开山之作。这个"梦"就是他想象中的通往月球的异域之旅。开普勒并没有将他的想象力局限于小说，而是寄希望于太空，希望太空不要像地球那样，七个大洋不断有海盗出没！他很庆幸，"在浩瀚的大洋里航行，反而不如在亚得里亚海、波罗的海或英吉利海峡那么危险，而且一路风平浪静。亚得里亚海这些海湾，曲折狭窄，处处有虎狼相伴。"他呼吁世界"创造瞄向苍穹的船与帆"。

因此，从现实意义上说，人类移民太空的想法已有四百多年的历史。19世纪关于移民太阳系其他星球的想法有一段不确定的历史。这归结为两个事实。一是科学和天文学的发现经常和科幻小说中的乐观主义相矛盾。人们对蓝天有无限的畅想，但铁的事实却让他们败兴。二是许多早期科幻小说的作家都是英国人。大英帝国的扩张让人觉得人类向太空扩张要慎之又慎。对此，无论是英国人还是其他国家的人都是这么认为的。在这种氛围之下，威尔斯认为英国殖民过程中的所作所为和火星人在《世界大战》中的行为没什么两样。威尔斯故意用羞耻的手法来描述火星人入侵地球的行径。尤其是把虚构的火星入侵地球与现实中的欧洲人入侵澳洲的塔斯马尼亚岛这两件事情相提并论，认为他们都是一路货色。从那以后，殖民统治的残酷性就变成了科幻小说中的核心问题。

威尔斯似乎没有过"人类移民火星"的想法。出于上述原因，其他作家笔下"人类移民其他星球"的故事，都是不得已而为之——例如地球遭到彗星撞击、人口剧增或太

第一部分 太 空

阳膨胀导致温度过高等各种原因而无法居住。从此，那些敢于梦想的人，就开始围绕火星展开科学幻想，毕竟火星是离地球最近的行星，我们的望远镜轻松观测到火星表面。因为南北两极的状况、季节变化和二十四小时自转周期等因素，火星成为大家趋之若鹜的幻想对象。它开启了太空生活新模式。这种新模式需要大家一起想象，共同研究和探讨。

也有人考虑过把月球当作移民太空的第一步。美国作家罗伯特·海因莱因在1951年发表的小说《出售月球的人》中，曾设想了一个风投项目——登月之旅。据他的小说描述，只要首次飞行成功，月球移民就大功告成。其"逻辑"是这样的：月球就在我们宇宙的家门口，和地球近在咫尺，这个距离可以让开拓者与我们的家园星球进行商品和服务交换。月球是进一步探索火星和更遥远太空的垫脚石，也可以当作天文观测的基地。

海因莱因预测的登月时间是1978年。但"阿波罗计划"比他的预测早了十年。他们登月证明了人类能够在月球上生活，同时也是对月球生活挑战的一次检验。宇航员发现月球表面温差很大：正午时分是120℃，到了晚上温度则降到-120℃。他们还发现，月球表面会不断地遭到小陨石撞击，还有宇宙射线辐射的危害。登月停留时间一次比一次长，以检验人类在月球上的持续耐力。显然，要避开陨石对月球表面的撞击，月球移民者将不得不躲到"熔岩洞"里，过着穴居生活。这些"熔岩洞"是过去由流动的岩浆冷却后形成的，洞内很深，而且是纯天然的。

"阿波罗月球科学实验"教会了我们很多关于探索未来的知识，比如如何运输大型设备和材料等。有人曾经提出一个计划，要在月球的北极建一个农场，因为北极的夏季每天有8个小时的太阳光照时间。该农场需要进行辐射防护，也需要昆虫授粉，但约4平方千米的农场就可以养活100个人。

学会马克·沃特尼那样的技能

我们在月球上学到的东西可以用在火星上，正如我们在电影《火星救援》中看到马克·沃特尼经历的那样。在《火星救援》中，红色星球上的一个定居点成功抵御了席卷火星的沙尘暴、极端温度变化和有害的太阳辐射。电影里还有一个更大的任务：把火星极地冰融化成大海，覆盖火星的大部分地区。

科学家和工程师又打算如何移民火星呢？

大家公认的一个理念是：先向火星发射无人驾驶的"地球返回飞行器（ERV）"。这艘宇宙飞船将搭载一艘核动力探测车，从火星大气中生产火箭燃料。两年后，搭载宇航员的宇宙飞船从地球发射到火星，降落在 ERV 附近。宇航员将在火星上用 18 个月探索火星，然后利用 ERV 制造的燃料，返回地球。下一个 ERV 和栖息地的组合就准备再次飞往火星，并将建立一系列基地。

起初，移民开拓者仍然依赖来自地球的物资。火星"生物穹顶"的出现使这一状况得到改善，它既让太阳光照射到里面，也能屏蔽部分有害的太阳光线。在"生物穹顶"里不用穿太空服，里面的人可以戴着氧气面罩和防护服到处行走。

火星的土壤必须被改造，或叫"地球化"，以适合人类居住。甲烷和氨等气体被特殊设备充入火星大气里。这些气体会吸收太阳能，让火星变暖，从而触发释放土壤和冰层中的二氧化碳。大气中的二氧化碳将让整个火星大气升温，从而形成海洋。经过几十年的"地球化"改造，火星可能就会像地球一样，变成一个蓝色星球，处处都是江河湖海。再经过一百年，火星地球化改造完成，变成一个富氧的环境，足以让人类在此生存。之后，又会有一些人梦想着更进一步，前往太阳系的偏远角落，甚至更遥远的地方。

10

《太空旅客》：
太空旅游会让詹妮弗·劳伦斯开心吗？

"太空很宽广。实在太宽广了。你根本没法相信它广袤无垠、漫无边际、令人张口结舌地宽广到了什么程度。我是说，你或许觉着一路走到药房那已经很远了，但对于太空而言也就是粒花生米而已。"

——道格拉斯·亚当斯，《银河系漫游指南》

"好吧，现在你已经确切指出来了。为了拥有太空中这些神奇的东西，我们不必等待技术——我们已经有了这种技术，也不必等技术诀窍——我们也不缺这个。我们所需要的只是政治方面的首肯和必要的经济支持。有点令人沮丧的是，如果人们关注要投入的数额，他们就会想着他们从投资中获得的巨额利润。他们不愿意用区区几十亿来获得取之不尽的回报，但是，没人介意每年在武器和军备上耗资 4000 亿美元，却没有得到任何回报，除了获得自杀的机会之外。"

——艾萨克·阿西莫夫和菲尔·康斯坦丁的采访对话，《西南航空公司杂志》

"从长远来看，每个行星社会都将受到来自太空的威胁，每个幸存的文明都有义务开展太空研究——这不是一时心血来潮，而是出于最实用和最迫切的原因：活着。"

——卡尔·萨根，《暗淡蓝点：探寻人类的太空家园》

第一部分 太 空

太空很宽广

正如道格拉斯·亚当斯在《银河系漫游指南》中所说的那样，太空很宽广。当然，太空的起点离我们家园很近，仅有 100 千米。在浩瀚的宇宙中，这算是"近在咫尺"了。如果你住在西雅图、堪培拉、海得拉巴、开罗、北京或日本中部，那么太空就比大海离你更近。如果你要想象太空有多广袤，或者我们需要跨越多大距离才能进入未来，那么请你记住：卫星绕着行星转，行星绕着恒星转，恒星构成庞大的星系，星系构成了广袤的宇宙。

宇宙的规模大到难以想象。这就是为什么天文学家要用光速来衡量宇宙。原因在于：光是我们已知的传输速度最快的物质，所以它是远距离测绘最有用的媒介。光到达月球只需要约 1 秒钟，到达太阳大约只需约 8 分钟，到达离地球最近的恒星需 4 年。光的传播速度是大约 300000 千米 / 秒。巨蟒组合在《银河系之歌》里说光速是"19300000 千米 / 分"，这当中肯定有艺术加工的成分。光每年的传播距离大约是十兆千米。我们的银河系如此浩瀚，即使是光也需要 10 万年才能从一侧贯穿到另外一侧。据最新估计，宇宙中星系数量是两万亿以上。这就是为什么道格拉斯·亚当斯喜欢用几个字来形容太空：太空很宽广。

但问题来了：人类不会以光速旅行。电影《太空旅客》的制作人非常清楚这一点。所以他们对深入太空并没有过多的奢望。在电影中，星际飞船阿瓦隆号将太空移民和船员运放入冬眠舱，再把他们送往距离不算遥远的"家园二号"行星，行程仅用 120 年。

正如本书其他章节所述的那样，长期以来科幻小说一直梦想着开启太空的冒险旅程。然而，迄今为止，只有区区几百名宇航员得以圆梦。但这种情况可能很快就会有所改变。目前已有几家公司在规划太空旅游项目，只要你付得起费用。在电影《太空旅客》中，民间投资开始进入太空探索的领域。一家名为"家园"的企业经过寻找并梳理后，确定了几个系外行星作为移民目的地。看起来这有点像房地产商的套路，因为公司必须事先做好功课，才能最终在相对靠近恒星的轨道上把可以移民的系外行星确定下来。

太空旅游

太空旅游这个概念的科幻领跑者之一是英国科幻小说家阿瑟·C. 克拉克。在 1961 年的小说《月尘陨落》中，他曾设想在月球上设立太空旅游公司。他还与美国电影导演斯坦利·库布里克合作了 1968 年赫赫有名的电影《2001 太空漫游》。这部电影是最早有"植入广告"的电影之一，其中有贝尔、IBM、泛美和 AT&T 等大牌企业。赫然在目的企业标识和注册商标预示这个行业将由私人资本绝对掌控，这就是未来太空旅行的预言性愿景。在《2001 太空漫游》中，环绕地球飞行的空间站还配有空姐，为太空游客端茶倒水。整部片子里里外外，看起来文雅有礼，至少在表面上是这样。

让我们回到现实。2004 年，"安萨里 X 大奖"横空出世，太空旅游变得更加触手可及。这个奖项的规则是：第一个用自制的飞行器将乘客送到太空，然后将其安全接返地球，并能够在两周内使用同一架飞行器重复上述载人飞行的公司或组织最终获得这笔奖金。该奖项的获胜者已经产生，技术触手可及。获得该奖项的公司⊖正在研发未来 21 世纪的太空航行。当然，目前几乎没有

⊖ 2004 年 10 月 4 日，由鲁坦设计制造，微软合伙人保罗·艾伦投资的价值 2500 万美元的私人飞船"太空船一号"，赢得了奖金额度为 1000 万美元的安萨里 X 大奖。 ——译者注

第一部分 太空

真正可以去的地方，至少在建造像《2001太空漫游》里这样的旅游空间站之前是这样。

对空间站的幻想最早出现在19世纪的科幻小说中。皓月当空的情景，人类已经习以为常。作家们也由此开始想象，除了月亮这个地球天然卫星，还可以有一个人造的卫星。这种人造卫星的幻想最开始出现在爱德华·埃弗雷特·黑尔1861年的同名小说中。法国作家儒勒·凡尔纳在他1878年的小说《乞丐的百万富翁》中也曾有过人造卫星的设想。在小说中，一枚射弹被一门巨大的大炮弹射，弹射力量很大，把射弹射入地球的轨道。故事里，有个人在信中写道："……我们看到了你完美的外表。十一点四十五分四秒，你掠过我们的小镇，然后向西飞行，在太空中环绕，往复循环，直到时间的尽头。"

现在有不少企业正在积极构思能够在地球轨道上运行的空间站。毕格罗宇航公司正在研发充气太空酒店。想象一下，在底部透明的泳池中，一边畅游，一边欣赏下方的地球，这是何等的感受！我们希望不要因为失重让泳池里的水全跑了，像《太空旅客》中詹妮弗·劳伦斯所经历的那样。轨道站可以设计为可以自转的，以便产生引力，保证其中的物体不会到处乱飞。这种可以自转的轨道站已不是什么新鲜事物，《太空旅客》里的阿瓦隆号飞船和《科洛弗悖论》中的科洛弗空间站就是先例。空间站将与地球一样，可以享受阳光的沐浴，并且可以造个穹顶，下面种上水果和蔬菜。这些太空城市未来可以容纳数百万甚至上千万居民。毫无疑问，这些公司会信誓旦旦地说，这样的太空体验更像是度假，美中不足的是无法满足詹妮弗·劳伦斯的要求。

在电影《太空旅客》的媒体日上，编剧乔恩·斯派茨出席了一个科技论坛。他谈到了目前正在开发的远距离太空旅行技术，并谈到了电影中阿瓦隆号飞船的一些虚构技术："没有曲速驱动，也没有超空间或人造重力。飞船靠核聚变飞行，由恒定的推力离子驱动推动，并且，如果要高速飞行，还要借助助推器或发射器将其发射以获得一定速度。但接下来，它就靠微重力恒定推力离子驱动。在它前端有一块可能是电磁的流星屏幕，但

第一部分 太　空

我认为它具有巴萨德冲压发动机[○]的部分功能，这意味着飞船可以一边飞行一边收集太空气体，供融化物和离子推进剂使用。其实，飞船在太空中可以捕获物质，不断收集太空中弥漫的尘埃和气体等微量元素，解决推进剂的问题。"冲压式喷气发动机是科幻小说史上的另一项发明。阿瑟·C. 克拉克在《问候碳基二足生命》一书说，西哈诺·德·贝尔热哈克在他的小说《另一个世界：月球国家与帝国诙谐史》中发明了冲压式喷气发动机。西哈诺写道：

"我很清楚地预见到，真空……将会吸引大量的空气，充满这个空间，这样我的箱子就会被抬升。随着我越升越高，呼啸的风本应把它吹过洞口，却不能吹到顶部，但如果风能猛烈地穿透机器，那就必然把它吹到高处。"

最后，我们来谈谈太空电梯。如果太空旅游和空间站成了现实，那么我们就需要有一种价格便宜、随叫随到的方式出入太空。这个方式最好不要用过多的火箭燃料，并且是环境友好型的，"太空电梯"就这么应运而生了。想象一下，我们在电梯里按下"空间"或者"空间站"按键，是什么感觉！1895 年，俄罗斯火箭先驱康斯坦丁·齐奥尔科夫斯基在一本名为《天地白日梦》的书中提出了这样的构想。齐奥尔科夫斯基是科幻小说家，也是科普作家。

太空电梯其实就是一条 50000 千米长的绳缆，不过造这条绳缆的材料现在还没人做得出来。造这个"豆茎"的材料必须比钢的强度高出 30 倍，而且直径不能超过 10 厘米，这真是比登天还难。这条超强的"豆茎"将被搭在空间站上，供人们随时随地出入太空。NASA 曾花费了几百万美元，举办了一场太空电梯设计大赛。但迄今为止，太空电梯仍没有引起大家太多的兴趣。然而，世界和詹妮弗·劳伦斯都需要一部太空电梯。在未来的太空时代，太空电梯的"太空"按钮的背后，需要强大的宇宙动力。

○ 巴萨德冲压发动机是 1960 年物理学家罗伯特·巴萨德所构想的一种核聚变发动机，它停留在理论设计阶段。——译者注

第二部分
时 间

科幻小说中的科学

科幻小说中的科学

描写时间的科幻小说对我们产生了巨大的影响。现代文化对时间可谓情有独钟。我们很想知道，如果我们能够篡改时间，或者如果我们能跳跃时间线、引导进化、重写历史甚至欺骗死亡，世界将会怎么样。科幻小说是关于我们人类与我们身边的自然世界等非人类事物之间的关系，这与科学发现是一样的。科学革命开始于大约500年前，自那以来，科学已经占据了生命的每一个角落。科学让人们能够不断地探索自然，改造自然。掌握科学十分重要。

大约在17世纪，人们开始意识到时间具有无限性，时间规模也是无比庞大。工业革命如火如荼，大机器把地球上的土地翻了个遍。恐龙因此被发现，灭绝的丧钟开始敲响。人们从化石中发现了某些生物的蛛丝马迹，而这些生物在地球上却早已消亡。在新的进化论面前，我们不得不直面历史，直面其可怕一面：如果人类也灭绝了，世界将会怎么样？难怪《疯狂的麦克斯》描绘了一个陷入混乱的物种。

突然之间，科学的挑战已经到了极限。时间这把利刃，给我们的容颜和生命留下道道疤痕。如果我们能掌控时间，那会怎么样？这么一来，我们对时间的科幻迷恋开始了。诚然，民间传说也曾经与时间打成一片，时间穿越中的浪漫，交织着梦幻魔法与神话。时间旅行是随手拈来的情节设计。然而，以机械方式实现时间旅行的想法直到工业化才出现。它的发明与时间本身的概念联系在一起。古希腊有两个形容时间的词：Kairos 和

第二部分 时 间

Chronos。Kairos 是指在某一时刻发生特别的事件。Chronos 则与计时或时序有关。工业社会为自然带来了机械化。Chronos 占了上风,"时间旅行"诞生了。

H.G. 威尔斯为科幻小说发明了一个万古流芳的机器——时光机。在《环形使者》和众多虚构时光机的到来之前的漫漫长路上,威尔斯和他的中篇小说《时光机》就是起点。《时光机》中的发现之旅可谓妙趣横生,时间旅行者可以给时间编组,可以牢牢地掌控时间,但他还是发现了无法回避的真相:时间是万物之主。小说题目的意义已经很清晰。人类已被时间的机制所困,最终也摆脱不了灭绝的历史宿命,甚至连天上的星星也会有风烛残年的那一天。

尽管如此,科幻小说作家仍然在继续探求对时间的掌控,为我们确定未来。威尔斯本人也不知道他自己写的《世界大战》中人类的结局。入侵的火星人不仅是一股残酷的进化力量,他们也是未来的"人"。他们是外星人,但他们也是人类。也许,他们是我们未来的模样——形销骨立,头脑发达。

当然,进化是一个在时间上显现的过程。通过《2001 太空漫游》的台词,斯坦利·库布里克说,人类愚蠢、盲目的进化必须被外星文明的引导之手打断,把我们从通往种族灭绝的漫长而可悲的道路上拯救出来。

时间旅行被证明还有更大的潜力。各色人物可以在不同的另类时间线之间自由穿梭,而且每条时间线都与自己合理的未来有关。电影和小说对此很快就习以为常了。电视连续剧《终结者》就是这样。在这个连续剧中,无处不在的赛博人刺客被一群一心要灭绝人类的人工智能机器种族从未来传送回来!

虽然这种时间旅行类科幻小说的主要焦点多数是被情节剧充斥,但科幻小说却极大地影响了我们的文化,并抛出了很多问题,比如:未来开放程度是怎样?我们真的有自由意志吗?从某种意义上说,所有的历史是不是都是虚构的?除了我们创造的寓言之外,我们怎么能知道时间的存在?毕竟,我们最终都是别人的故事。

01

《回到未来》：
时间旅行可以实现吗？

"如果时间旅行是可能的，为什么从未有来自未来的人？"

——斯蒂芬·霍金，《时间简史》

"如果我们能回到过去，那将令人难以置信。首先，历史将成为一门实验科学，这在今天肯定不是。对我们自己的过去，对大自然，对物种起源的可能洞见将令人眼花缭乱。另一方面，我们要面对产生我们自己时间和我们自己的因果关系计划的深刻悖论。我不知道这是否可能，但这当然值得探索。"

——卡尔·萨根访谈录，NOVA[一]

"你如何判定未来的技术是否包括时间旅行？你从哪里寻找证据证明我们的后代已经发现了时间航行的手段？如果时间旅行是一个没有回头的单向的过程，我们就无法知道。如果像新物理学所暗示的那样，有可能回到过去，那么我们正在寻找的证据将呈现为不合时宜。人类很粗心大意。他们掉落了他们不应该掉落的东西，比如在法国圣让德利韦

[一] 美国科学电视节目系列，由波士顿公共电视公司制作。其内容涵括科学、历史与技术，有当代最先进医药、考古、天文、生态、探险的新知。　　——译者注

特发现的金属管○。人类也很脆弱。无论采取何种保障措施，迟早会有人被困在自己以外的时间段，并在那里寿终正寝。如果这个时期是历史性的，他们的死亡不会留下不合时宜的痕迹，但是如果我们探索史前，就有可能追溯到一系列时间灾难，这些灾难留下了尸体的痕迹，这些尸体绝对不应该留在这种地方。"

——J.H. 布伦南访谈录，时间旅行：新视角

时间的褶皱

想象一下，你站在耶稣受难地，惊恐万状地盯着，也许是历史上最赫赫有名的场景。这是一个昂贵的旅行套餐，但时间旅行的导游说，这是你可以查看基督是否真正复活的唯一方法。如果一切顺利，你很快就会迅速开启他的下一趟旅行——埃及艳后的亚历山大港。但是现在看来，只有一点要记住：你不能有破坏历史的任何举动。当有人大声地问谁应该被罗马人释放时，你必须人云亦云，附和众人，叫嚷"释放巴拉巴！"这时，你才觉得人群中有些不对劲：在场的没有一个人是从公元 33 年来的，将基督送上十字架上的暴徒清一色都是未来游客。

这个别出心裁的时间旅行场景是科幻故事中构思出来的。这是个典型的难题，是作家描写关于篡改时间的故事时必须考虑的。来自未来的时空游客在各各他○的现场把垃圾丢得到处都是。他们改变了历史本身的结果，他们不仅在受难地现身，他们还影响了事情的结局。时空游客认为他们知道故事的走向——他们注定要释放巴拉巴——但这个决定只能如此，因为时空游客只是现场目击者。如果他们没有干涉，耶稣会被释放吗？这就是你篡改时间时的悖论。这就是卡尔·萨根认为时间旅行将使历史成为一门实验科学的原因。

○ 1968 年，在此地，考古学家在 6600 万年前的白垩纪地层中发现了一根金属管。 ——译者注
○ "各各他"即耶稣被钉死在十字架上的地方。 ——译者注

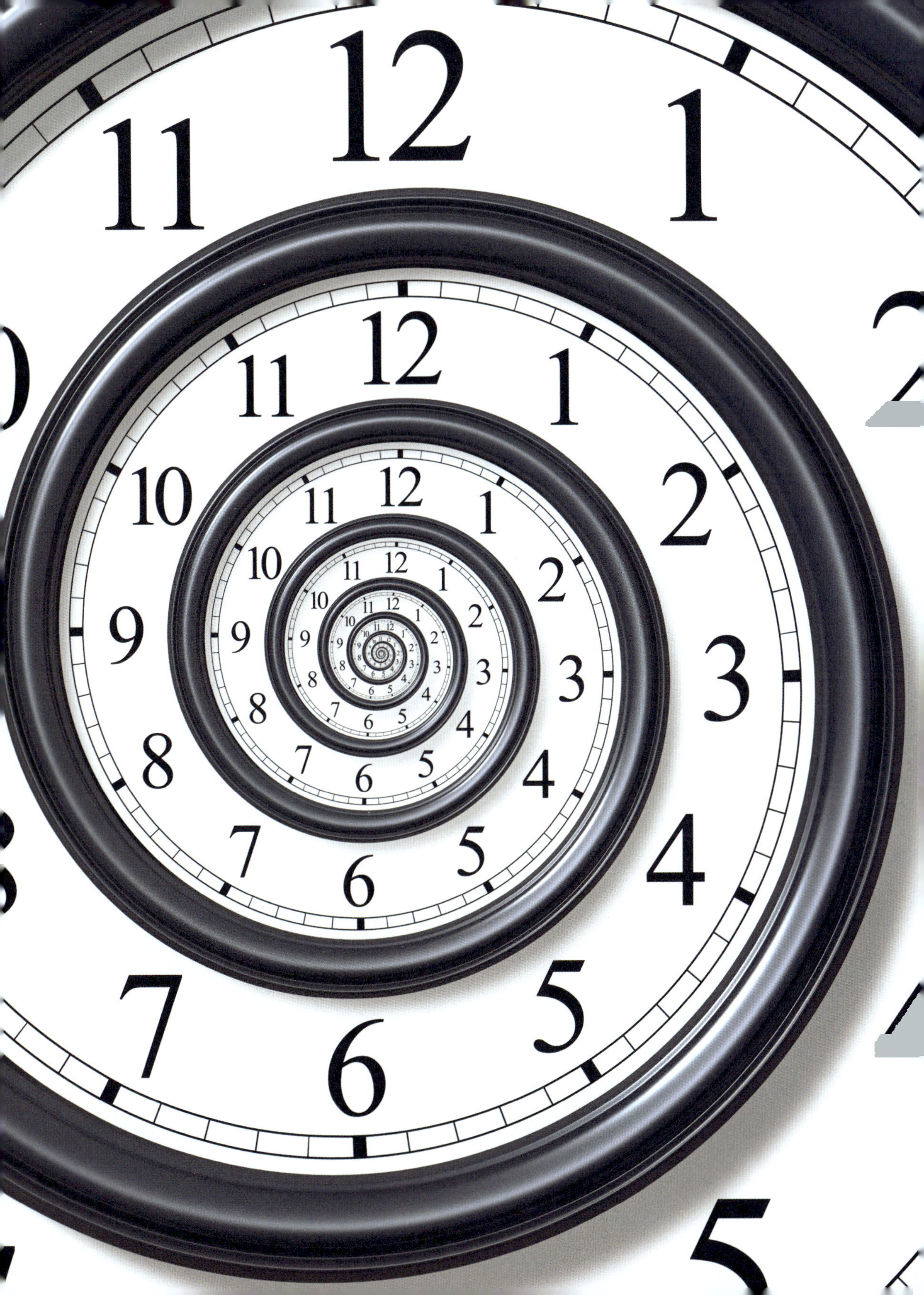

这类在关于时空旅行中经常被抛出的古怪悖论，无疑是斯蒂芬·霍金教授不相信时间旅行的原因之一。他的论点是这样的："如果时间旅行真的是可能的，那么来自未来的时空游客在哪里？他们为什么不来拜访我们，告诉我们所有关于时间旅行的乐趣呢？"英国理论物理学家布莱恩·克莱格在他的《构造时间机器》一书中进一步阐述了霍金的主张。克莱格在书中问道："如果时间旅行是可能的，为什么没有人在历史上的某个地方、某一时刻做个标识，然后邀请时间旅行者参与其中？只要我们把这个信息发送给未来的人——互联网、印刷媒体和电视媒体轮番播放这条信息就行了，除非我们的文明已经被摧毁——时间旅行者怎么会拒绝参与呢？"

英国物理学家保罗·戴维斯抛出了一个解决方案。这涉及虫洞。戴维斯在2001年的《如何建造时光机》一书中说："反对时间倒流的理由是我们至今没有碰到的……诸如耶稣被钉在十字架上这样的重要历史事件。在那个时候，受难地挤满了一群狂热的目击者"。幸运的是，在虫洞时光机方面，反对意见很容易被说服。虽然虫洞可以用来在时间上前后走动，但不可能用来访问虫洞建成之前的时间。如果我们现在就建造一个，并确定两端之间有一百年的时差，那么一百年后，人们就可以回访2001年，但是你不能用这个虫洞回到恐龙时代。只有当虫洞时光机已经存在于自然界中，或者有外星文明很早之前就已经制造出来的时候，我们才能回访现在之前的时代。所以，如果第一台虫洞时光机是在公元3000年建造的，那么在公元2000年就不可能有任何时空旅行者了。

虫洞和扭曲空间

虫洞到底是怎么回事？时间旅行肯定是人类长期以来的愿望，至少在精神上是这样的。这方面的小说层出不穷，情节大都是时间旅行的，例如查尔斯·狄更斯的《圣诞颂歌》中时空狂欢，马克·吐温的《亚瑟王朝廷上的康涅狄格州美国人》里的风波和笑话等。然而，这类故事和奇遇通常都是始于梦想和魔法，或者在时间旅行开始之前脑门被撞了一下。

庞杂无比的现代时间旅行的概念可以追溯到 1905 年，那一年，爱因斯坦提出了狭义相对论。狭义相对论表明，时间和空间是密不可分的，而他 1916 年提出的广义相对论表明，空间和时间是柔韧的。在爱因斯坦的宇宙中，由于有物质或能量的存在，时空可以发生扭曲、膨胀或收缩。这意味着，如果你用一种奇特的能量来填充空间，它就会被扭曲，让空间和时间折叠，这样，潜在的时间旅行者就可以用正确的手段对时间进行修补。

科幻小说冲锋在前。美国著名作家约瑟夫·坎贝尔是"时空扭曲"的发明人。在小说《星空之岛》中，坎贝尔将这个概念作为两个空间区域之间的通达捷径。他接着在 1934 年的小说《最强大的机器》中把这条捷径称作"超空间"，这是现在大家耳熟能详的另一个词语。一年后，爱因斯坦和他的同事纳森·罗森提出了时间旅行背后的科学依据，同时也提出了解释太空"桥梁"的科学理论。多年后，科学家才把所谓的"桥梁"称为"虫洞"。

虫洞什么模样？如果你看过《神秘博士》，那么你可能已经看到了漩涡状的宇宙隧道，TARDIS 在这个隧道里穿越时空的时候经常中途消失。虫洞至少有两个嘴巴，与同一个喉咙连接。物质可以通过虫洞，从一个嘴巴"传送"到另一个嘴巴。目前我们还没有找到虫洞，但宇宙浩瀚无边，况且我们认真寻找虫洞的时间也不是很长。

科学家们确信虫洞的存在，至少在理论上是这样。由于这个理论是爱因斯坦提出的，因此有哪个科学家想提出反对意见，也需要点儿勇气。反对者当中就有美国宇宙学家劳伦斯·克劳斯，他是 1995 年出版的《星际迷航的物理学》一书的作者。2017 年 5 月，他在 NBC 的"爱因斯坦和比尔·盖茨教给我们的时间旅行知识"节目中说道："业内大多数物理学家都认为时间旅行不大可能实现，这不仅仅是因为创造必要条件有实际困难，也因为如果时间旅行可以实现，其带来的后果不堪设想。"

迄今为止，我们集体想象中的虫洞概念几乎全都归功于科幻小说。但是，如果你想把小说变成现实，我这里有一个虫洞的简易配方。首先你得备一点特别的物质，确保此

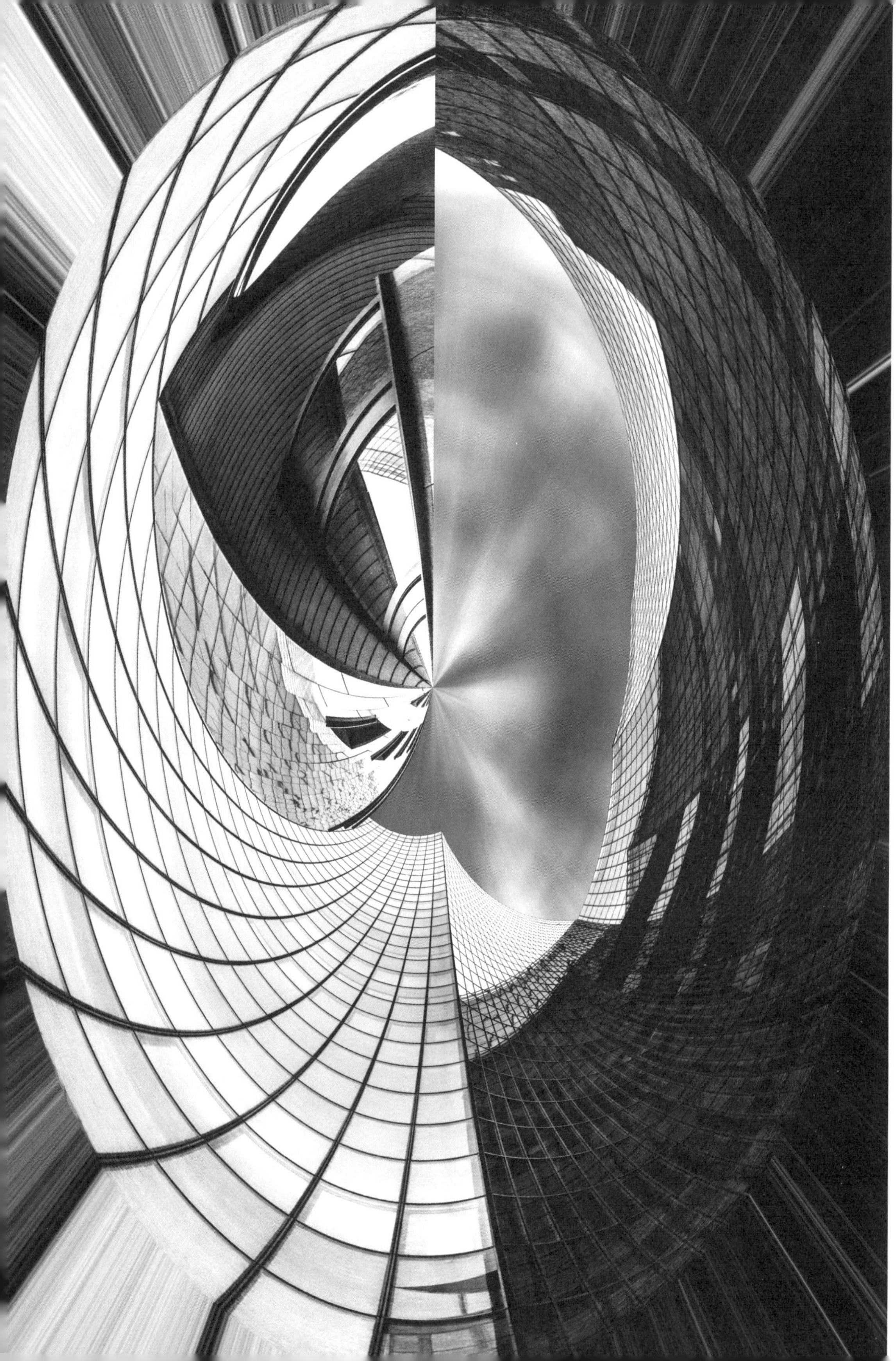

物质是颗粒状的，且具有抗重力的特性。把这个物质投入虫洞的"喉咙"里（注意：要小心黑洞，这是通往奈何桥的旅程，有去无回）。你的虫洞应该有一进一出的两个"嘴"。你要做的是通过使用与重力相反的分力即反重力，以保持虫洞的"喉咙"保持打开状态，如果你愿意的话。砰，虫洞"喉咙"停止了内爆，你的时光机造好了！科幻小说将再次成为事实。

02

《星际穿越》：
时间是如何被视为维度的？

"时间不是单独存在，而是在所发生的事情中存在，这种感觉会理解过去所做的事、现在所做的事，以及之后将要做的事。"

——古罗马哲学家卢克莱修（约公元前 70 年），《卢克莱修》

"绝对的、真实的时间，由其自身特性所决定，自身均匀地流逝，与一切外在事物无关，又名延续；相对的、表象的和普通的时间是可感知和外在的（不论是精确的或是不均匀的）对运动之延续的量度，它常被用于代替真实的时间，如一小时、一天、一月、一年等。"

——艾萨克·牛顿，《原理》（拉丁文版本）

"闵可夫斯基的思想和双生子佯谬的解答最好是通过空间和时空之间，亦即三维世界和四维世界之间的类比去进行理解……时间作为第四维垂直于其他三个维，就像三维空间中的垂直线作为第三维从两维平面里伸出。穿越时空的距离是由四个维度组成的，犹如在空间中由三维组成一样。运动物体越偏向于某一维度，那么在其他维度上的位移就越小。如果一个"刚体"处于静止状态，也就是说在三维空间的任何一个维度上都没有

第二部分 时 间

发生位移，那么它的整个运动全都发生在时间轴上，它除了变老之外其他方面没有任何变化。……他离开参照系的速度越快……那么他在三维空间里经过的距离就越长，在穿越时空的整个运动中留给时间维度的部分就越少……与光走过的距离相比，我们在三维空间里所移动的距离可以说是微乎其微，即便乘坐飞机旅行也是一样，所以，我们实际上仅仅是在时间轴上进行了运动，于是我们不断地变老。只有当我们能够以极快的速度离开我们的参照系时，就像离开地球去旅行的双胞胎兄弟一样，在旅行过程中流逝的时间才会发生收缩，在几乎等于光速的时候变为零。光线本身……穿越时空所经过的整个距离仅仅是空间三维的距离……而在增加的另一个维度即时间维度上——则什么也没有留下。因为光粒子并不是在时间里面运动，而是驾驭着时间运动，所以说它们不会变老。对它们而言，"现在"就等于"永远"，它们永远"活在"自己的瞬间。反过来，由于我们实际上没有在空间三维上进行运动，也就是说在空间上处于静止状态，因而只能是在时间轴上运动。这恰恰就是为什么我们每个人都会觉得时间在一点一点流逝的原因。它简直就像粘在我们的身上。"

——于尔根·奈佛，《爱因斯坦传》

"有时候，科学比科学更像艺术。很多人不明白这点。"

——"瑞克9号药水"（Rick Potion #9），
贾斯汀·罗兰，《瑞克和莫蒂》第一季第6集

时间作为第四维度

有时，我们需要用科幻小说的艺术性给科学引路。就拿现实中的维度来说，我们的世界有四个维度：三个维度是空间的，时间是第四维。这在今天看来似乎是理所当然的，因为，我们沉浸在现代文化的科幻浓汤当中。然而，是H.G.威尔斯在他的经典小说《时光机》中首次向我们介绍了时间作为第四维度的概念。威尔斯通过时间旅行者的话，用

简单的术语解释了时间维度:"我们的意识在沿着时间维度移动,除了这点,时间维度与三维空间中的任何一个维度都没什么两样。"这个概念并不是什么新鲜事。将时间与空间联系起来,已经有了很长的历史,一直可以追溯到古希腊思想家亚里士多德。工业化让19世纪离不开时间。但即便如此,大多数人还是认为第四维度是空间的。然而威尔斯却不敢苟同,为此,他在时间演变方面,开辟了一个别有天地的新篇章。

时间在"以太"中存在,它溅到了立体主义的画布上。立体主义是20世纪最有影响力的艺术运动之一。在巴勃罗·毕加索、乔治·布拉克等立体主义者的众多画作里,我们可以看到同一平面,同一个时间点上的各种视角。在艺术家的创作中,空间和时间的维度被赋予了更深刻的含义,这是看待现实的革命性的新方式。

时间也在早期的电影中被捕获。艾蒂安-朱尔斯·马雷的定格动画摄影作品启发了法国艺术家马塞尔·杜尚,颇具争议的画作《走下楼梯的裸女》就是他的作品。该作品通过连贯重叠的画面描绘了时间和运动。这幅画变成了20世纪最重要的意大利前卫艺术运动——未来主义的源头。未来主义者宣扬技术和城镇现代化,沉湎于现代生活带来的挑战。他们不惜代价,通过作品唤醒现代精神、关注当代人类状况,在接纳肉眼能够看到的画面的同时,也接纳了形形色色的其他感受。未来主义者的使命是以"连续摄影"的模式,探索时间,让运动物体的多个渐进轨迹被全部容纳在一个单独形体上,而不是在多张画面中。

爱因斯坦1905年提出的狭义相对论在物理界引起一阵"时间狂热"。在爱因斯坦之前的年代,时间的概念已经发生了变化,正如本章开头部分当中那几个伟大思想家所说的那样。卢克莱修认为时间不是自己独立存在的,离开了事物的活动,人们就不能感受到时间本身,而牛顿则把时间和空间当作物理现象发生的背景。起初,爱因斯坦把三个空间维度和时间的论述区别开来。但在他的老师赫尔曼·闵可夫斯基将时间作为第四维度之后,"时空连续统"的概念才被创造出来。这个概念对爱因斯坦后来提出的广义相对论的影响至关重要,它与威尔斯提出的概念也是不谋而合。

时空与星际

时空诞生了。爱因斯坦给世界带来了对第四维度的新认识。因为地球重力，时钟转动变慢，时间流动速度也因重力而慢了下来，无论观测者处在什么位置上观测，光速都是恒定的。这是关于时间的另一场革命，它得到许多人的支持，但似乎也成为西班牙超现实主义画家萨尔瓦多·达利的担忧。这种担忧体现在他那幅著名的油画《记忆的永恒》中。对许多人来说，那幅画里柔软无骨的时钟是历史上最生动的插图，这些钟表俏皮地诠释了爱因斯坦扭曲时空的概念。

对于科幻小说来说，爱因斯坦对时间的新认识简直是个大礼包。一个令人着迷的问题是"时间悖论"。如果要简明扼要地解释，只需一个问题即可："如果我回到过去并杀死了我自己的祖父会发生什么？"这种篡改时间的手法，在罗伯特·安森·海因莱因的科幻小说《你们这些回魂尸》中达到了巅峰，也为2014年澳大利亚科幻电影《前目的地》的诞生奠定了基础。电影中的主角可以随意沿着第四维度穿越时空，还可以随时改变性别，甚至还能成为自己的母亲或父亲。

爱因斯坦时空物理学和科幻小说高调"联姻"了——这便是2014年的电影《星际穿越》。该片获得了第87届奥斯卡最佳视觉效果奖。这部电影的科学幕后大脑是美国理论物理学家、诺贝尔奖获得者基普·索恩。基普·索恩以对天体物理学的贡献而闻名。他担任了多部电影的技术顾问，除《星际穿越》之外，还有《超时空接触》等。在索恩的指导下，《星际穿越》成为科幻电影的杰出代表，它以故事的形式向人们科普了高难度的物理学，让我们在观影中对物理学理解更透彻。话虽如此，电影情节仍然是感官最大的挑战。

在《星际穿越》中，时间扭曲是通过黑洞实现的。进入一个名为"卡冈图雅"的黑洞后，马修·麦康纳演的主人公库珀逼近时空中的奇点或区域，那里的重力无限强大。电影里的"奇点"是一个不会置人死地的"温柔奇点"，穿过奇点后，库珀被一个"超立方体",即"立方体的四维模拟"拯救。这个立方体是一艘太空飞行器,可能是由遥远未来的人类建造的。"超立方体"将他带到了更高的维度——库珀的视线可以穿透地球上他女儿房间里的书架——也可以穿越时间,因此,他可以和地球引力进行微弱的互动,从而可以影响地球上发生的事件。

他怎么才能回到女儿的童年呢?这部电影的科学原则是:在我们的宇宙中,任何人、任何物体都不可能回到过去。然而,有第五维度存在于我们的宇宙之外。人类无法进入第五维度。事实上,唯一能够进入第五维度的东西(这是从爱因斯坦的广义相对论中借用到第五维度的宏观物理学)是引力。库珀在第五维度使用封闭的时间曲线来影响地球上的事件。女儿墨菲在"超立方体"的一面,而库珀则在另一面。库珀用力推开立方体当中的物品,让它产生引力,通过引力影响到处于更高维度的立方体内部结构,让重力时空倒退,从而影响他女儿所处的时空的事件。如果有人不理解本片复杂的情节,那也不用大惊小怪。基普·索恩在《星际穿越中的科学》一书中说,《星际穿越》的导演一直很欣赏斯坦利·库布里克的《2001太空漫游》,尤其是结尾部分,两部电影都不容易让人理解。

第二部分　时　间

03

《环形使者》：
我们造得出时光机吗？

"很久以前，时光机在我的脑子里就初露端倪……任何空间、任何时间，它可以任意纵横驰骋，只要驾驶员乐意。"

——时空旅行者的话，H.G. 威尔斯的《时光机》

"那恰恰给了我灵感，从而促成了我的伟大发明。但是，你说我们在时间里不能运动的说法是错误的。比如，如果往事栩栩如生地重现于记忆当中，那我就相当于身临其境了。就像你们说的，我怔怔地出神，便回到了往事发生的那一刻。当然，我们无法回到过去停留一段时间，就像一个野人或一头动物，不借助外力就无法待在离地约 1.8 米的半空中一样。但是在这方面，文明人要比野人强得多，他可以乘气球克服地球引力上升。既然这样，他为什么不能指望自己最终能沿着时间维度停止运动或加速运动，甚至逆向运动呢？"

——时空旅行者的话，H.G. 威尔斯的《时光机》

时光机

你的时光机已经成功研制。你第一次旅行的时间是什么时候？历史上的哪一个重大事件会列入你的计划？是1492年的哥伦布首次美洲之旅吗？你的及时干预可能会挽救成千上万人的生命。或者，在恐龙灭绝前夕，前往史前看看，在匆忙按下撤退键之前，目睹"毁灭之神"？或者，也许你想回到了公元117年，去看看图拉真皇帝统治下的罗马帝国的鼎盛时期？还是说，你想去看看恐龙大灭绝？这也是个不错的选择。

准备好你的机器，时空曲轴，就绪，四维旅行车，就绪，点火器，就绪，点火？等等，你说什么？时光机究竟如何工作？

"古怪的手表"是最早的时光机之一。它是由查尔斯·道奇森发明的，他还有一个更广为人知的名字——刘易斯·卡罗尔，《爱丽丝漫游奇境》的作者卡罗尔的小型时光机出现在其1889年的小说《西尔维和布鲁诺》中。手表有两种模式。如果推一下反向弦钮，"事件就以相反的顺序发生。"另一种模式涉及手表的指针，指针可以向后转动，每次回程最长可达一个月，佩戴者因此可以穿越到相应的时间节点。

当然，这些乱七八糟的东西，就算你寻遍当地的珠宝店，你也不会弄得到。手表的主人是一位教授，每每有人要他讲解这个东西的原理的时候，他就会故弄玄虚，拿"我说了你也不懂"这种话来搪塞。这就是所谓的学术探讨。可悲的是，这种不负责任的态度在每个时光机收藏主的身上已是司空见惯。其实，卡罗尔根本不是子虚乌有的时光机的"始作俑者"。与他相比，另外两位作家更有过之。美国作家爱德华·佩奇·米切尔在1881年的小说《倒转的时钟》中提出了时光机的概念。这本小说甚至可能影响了威尔斯。随后，西班牙作家恩里克·加斯帕在1887年写了《时光之船》。他把时光机描述为一艘精心制作、密封性良好的挪亚方舟。方舟里的家具豪华，乘客非富即贵，可以媲美儒勒·凡尔纳1871年的小说《海底两万里》的"鹦鹉螺号"。这些早期的时光机小说对钟表和豪华家具的描写不吝言辞，但对机器原理却避而不谈。

科幻小说中的科学

第二部分 时 间

H.G. 威尔斯也好不到哪里去。他很精明，从未清晰描绘过他的时光机，而是任由人们发挥想象。对威尔斯 1895 年出版的《时间机器》一书，法国作家阿尔弗雷德·贾里铤而走险写了一篇书评，题目很"简洁"——《探索时间的机器的现实建造评论》。提到操纵杆，威尔斯含糊其词，但贾里却越俎代庖，帮他做了设计，还用上了三个旋转陀螺仪。他甚至附上了一张令人印象深刻但却胡写乱画的设计图。贾里认为，时光机必须能将自己在太空中绝对锚定，然后才能实现时间旅行。他说，通过这种方式，"所有的未来和过去的瞬间……将可以不间断地探索。"

顺便说一句，米高梅公司于 1960 年把威尔斯的《时间机器》搬上银幕，电影名字改为《时空大挪移》。这是一个"蒸汽朋克"的梦想。著名的时光机道具是由导演乔治·帕尔和米高梅艺术总监威廉·法拉利共同设计的。帕尔主张使用马拉雪橇的模样，其灵感来自童年的冬季雪橇之旅。经过精心挑选，帕尔找到了一个传统理发椅，把它制成时光机，因为宇航员座椅更容易让观众接受，时间旅行者也需要这种模样的椅子。帕尔制作了许多人认为是最好、最优雅的时间装置——材料全是黄铜、玻璃和精致仪表。配上红色皮革软座椅，这和你脑海里维多利亚时代时间旅行绅士的座驾不相上下吧？可惜的是，1961 年 11 月，帕尔的家里发生了一场大火，把设计师一手打造的这套蒸汽朋克设备烧毁了。

谈到标志性的时光机，我们肯定绕不开《神秘博士》中的飞船 TARDIS（"时间和空间的相对维度"）。乍一看，TARDIS 像是个警察岗亭，在 20 世纪 60 年代的英国街头随处可见。TARDIS 的外观设计得非常巧妙。它配备"变色龙电路"，可以在着陆后一毫秒内改变外部颜色，以适应周边环境。但由于电路遭到破坏，TARDIS 变成了个电话亭。据说 TARDIS 从宇宙大爆炸之前就开始启航，已经飞了 100 万亿年，一直飞到时间边界，所以，它肯定是最结实耐用的时光机之一。1988 年，喜剧电影《阿比阿弟的冒险》上映。毫无疑问，影片中的电话亭的灵感很大程度上是源于 TARDIS。虽然电影中的电话亭没有 TARDIS 那样的可变空间，也完全没有"内部比外部大"的功能，但这部电影确实带来了"时光机"

文化最响亮的口号:"先生们,我们是历史!"

与时间交融

在"时光机"的便携性方面,也有人在不断地推陈出新。20世纪六七十年代的一些科幻小说作家一直在追寻可穿戴的时光机,其中最受欢迎的莫过于"时间表带"。最新款时间表带甚至可以让人们横向旅行,进入另一个现实世界。当然,你得多花点钱,这没什么好说的。在鲍勃·肖的小说《谁去那里?》中,时光机是一个像笼子一样的小东西,人们置身其中就会感到"栏杆的相交角度很奇怪,看一眼就非常难受。"可惜了,因为有人"上周一屁股坐在上面",这个设备被坐弯了,没法修复,然后就寿终正寝了。

在这方面,库尔特·冯内古特虚构的外星人种族"特拉法马铎人"就更过分了。"特拉法马铎人"不借助任何工具,天生就能把宇宙时间线一览无遗。他们不仅可以在四维空间中随意穿行,还可以回到过去、前往未来。人类的时间在他们看来只不过是一个快照。"特拉法马铎人"的时间是一部电影,所有的镜头都可以马上回放。爱因斯坦的时间观似乎与"特拉法马铎人"的如出一辙。他曾在1955年写道:相对论者认为,过去、现在和未来的划分只是一种幻觉。

1995年的电影《12只猴子》中有一个"投影—收集"的装置,让主演布鲁斯·威利斯得以实现时间回溯,以追踪致命病毒的来源。只不过他们有个小尴尬——若要设备灵验,时间旅行者就得一丝不挂。这在某些社交场合可能会惹上麻烦。说来也怪,时间旅行中的"裸奔"似乎也是《终结者》三部曲中的行为标准。虽然我们看不到机器本尊,但我们确实了解到,这东西似乎在时间上让旅行者有去无回。

在电影《蝴蝶效应》中,时间旅行者在日记的帮助下回到了过去。一个人在读书或欣赏艺术作品的时候,往往都会浮想联翩,融入历史。毫无疑问,《蝴蝶效应》这部电影就抓住了这一点,电影中的时间旅行者在阅读自己写的日记的时候,就会被带回文字被写下的那个过往时刻,不,是正在书写文字的"现在时刻"。一如既往地,事情越来越复杂了,就像"另类历史"电视连续剧《时空怪客》中的时光机一样。这个时光机看起来只是一股青烟,在一个幽暗但不失未来感的房间里出没。麻烦的是,你只能在自己的生命时间线上来回穿行,偶尔还会撞到别人的尸体,这未免让人感到恶心。

时光机已是百年老话题。受此影响,科学家也在不断探索时光旅行转化为现实的可行性。理论物理学教授保罗·戴维斯在《如何建造时光机》一书中谈到了这些问题。他说,如果我们想去未来旅行,我们所需要的只是一台能够以接近光速飞行的机器。飞船接近光速时,时间就会变慢。你返回地球之前,时间是凝固的。否则,等你"回到家"的时候,几十年甚至几个世纪都已经过去了。

著名的物理学家 J. 里查德·高特于 2002 年出版了一本书,书名为《在爱因斯坦的时空旅行》。根据书中的说法,回到过去很麻烦。我们要搞清楚什么是虫洞、宇宙弦和黑洞——这种时光机只有通过心智扭曲技术才有可能实现。2007 年,美国科学家罗纳德·马利特爆料称他花了一辈子时间,致力于时光机的研制。马利特的时间旅行的想法基于时空扭曲理论——恒星和行星等大质量物体会导致时空发生扭曲。马利特是相信光可以产生连续性弯曲的人之一。电影《回到未来》中的汽车"德劳瑞恩"⊖是一台时空穿梭设备,而 2012 年电影《环形使者》中的时光机看起来则像是太空舱,里面的线路像意大利面那样杂乱无章,还有两块大的电池固定在门板上。马利特的时光机与它们不一样,他的机器是一个环形激光器,其功能可谓超绝不凡,独步天下。马利特希望,有一天,人类只需穿过这个巨大的激光漩涡,就可以实现时空穿越。

⊖ 德劳瑞恩汽车公司(下面简称 DMC)是美国的一家富有神秘色彩的汽车公司。该公司的特殊之处在于,它只生产过一种型号的汽车,称作 DeLorean(德劳瑞恩)。 ——译者注

04

《2001 太空漫游》：
人类历史上有引导进化的证据吗？

库布里克："我要说上帝观念是《2001 太空漫游》的核心所在——但这部电影里的上帝不是什么传统的形象。我不相信地球上任何一种一神论宗教，但我真的相信，一旦接受了这样一个事实：我们银河系就有大约 1000 亿个星球，每一个星球都是可以孕育生命的太阳，人类看得到的宇宙空间里就有大约亿个星系，人类就可以为上帝建构一个有趣的科学的定义……所以，很有可能有数以万计的星球上有智力水平低于人类的智能生物，还有数以万计的星球上有与人类智力水平不相上下的智能生物，还有些星球上的智能生物智能产生的时间比人类要早数亿万年。"

记者："如果这种智能生物确实存在，他们为什么会对人类感兴趣呢？"

库布里克："他们也可能对人类没兴趣。但为什么人类会对微生物感兴趣呢？这些生物的动机和他们的智力一样对我们人类来说是极其陌生的。"

——斯坦利·库布里克的专访

卡拉斯："以你的经验看，是否有证据表明，在某一个地方，他们的文化受到外星人造访影响，或者有什么人工制品之类的东西？"

米德："有些人声称，我们对过去一些高等文明的解释只有一个：外星生命在某个时候降临到此，并给他们传授技艺，例如巨石阵之类的东西。外星人传授的技艺还包括复杂的天文测量技术，这是他们在观察某个文明时发现的。现在，这涉及我们过去的诸多努力和尝试，即在某个地方只考虑一个光明的文明，并赋予它对其他事物的所有责任。"

——罗杰·卡拉斯和人类学家玛格丽特·米德的访谈

"几年前，我听到了一个传说，它更接近我们对真正接触的神话的一些标准。这个传说特别令人感兴趣，因为它与苏美尔文明的起源息息相关。苏美尔文明是地球上当代意义上的早期文明，也许是第一个文明。我们不知道苏美尔人从哪里来。他们的语言很奇怪。它与任何已知的印欧语系、闪米特语系或其他语系都没有同源地。我们之所以能读懂它，只是因为后来的阿卡迪亚人编纂了大量的苏美尔－阿卡德语词典。"

——卡尔·萨根和什克洛夫斯基，《宇宙中的智慧生命》

"宝宝的血型？主要是人类。"

——奥森·斯科特·卡德，《"六词"微小说》

引导进化

"对上帝的科学定义。"这就是斯坦利·库布里克对他的杰作《2001太空漫游》的总结。约百年前，受达尔文的启发，德国思想家弗里德里希·尼采认识到人类进化要经过几个阶段：猿、人和超人。正如尼采在他的《查拉图斯特拉如是说》一书中所说，"猿对人类来说是什么？也是个笑柄，或者是痛苦的尴尬。人对超人来说，也是一个笑柄，或者还是痛苦的尴尬。"对尼采来说，现代人只不过是从猿类到超人的垫脚石。

问题是，达尔文和尼采都不是黄金档电视节目中的明星。达尔文进化论本身就没有什么起伏跌宕，除了每隔100万年左右发生点儿奇怪的宇宙灾难，剩下的就是缓慢的连续的积累过程。因此，库布里克与英国著名科幻小说作家阿瑟·C. 克拉克一道，为给尼采和达尔文的进化提速改造付出不少心血：克拉克和库布里克一起，造出了斯蒂芬·J.古尔德"间断平衡"①学说的文学样板。所谓的"间断平衡"学说，就是在罕见时期，生物平衡状态被短期的、爆发性的大进化所打破。他在小说写道，2001年，缓慢而连续的进化被某个不为人所知的外星种族定期搅乱了。这个"三幕结构"的故事讲述了人类的创造和复活，所以才被库布里克称为"对上帝的科学定义"。

出色的电影特效让《2001太空漫游》走向巅峰。这部电影获得了奥斯卡最佳特效奖。有人说，这部电影中的太空旅行情景，比一年后阿姆斯特朗和奥尔德林的现实版太空漫游"更加真实"。这部电影的部分内容还被NASA用来训练宇航员，克拉克曾表示，在对这部电影的所有评价当中，苏联宇航员阿列克谢·列昂诺夫的评价让他由衷高兴。列昂诺夫说："现在我觉得我已经到过太空两次了！"

正如库布里克电影名字所说的那样，观众被带入了一段太空之旅。这部电影的中心思想并不明确，为此，库布里克在一次采访中说，"观看《2001太空漫游》是一种无法用言语表达的体验，在2小时19分钟的电影中，只有不到40分钟的对话。我尽力去营造一种视觉上的体验，这种体验不能机械地用语言描述或归类，它要用令人动情、富于哲理的内容来直接洞察和揭示人类的潜意识……在《2001太空漫游》中，媒介即讯息。"尽管库布里克告诉大家，观众应该"可以自由地去思索和推测电影的哲学寓意"，但他仍然希望这部电影能够成功地让观众思考"人类的命运、人类在宇宙中的作用以及人类跟更高形式的生命之间的关系。"

《2001太空漫游》里的故事跨度长达400万年。故事从一只草食人猿开始，以"后人类"星孩结束。许多科幻电影只讲述某个单一的主题，但《2001太空漫游》却把所有的主题都囊括了。随着故事情节的展开，科幻小说的每个主题都被一一揭示："太空"主题——通过外星人与巨大的尖碑的接触体现；"时间动态"主题——《2001太空漫游》本

---

① "间断平衡"理论是最早由美国著名古生物学家古尔德提出的一种有关生物进化模式的学说。 ——译者注

质上是一部进化的寓言;"机器"主题——最特别的是 HAL 这个著名的由计算机演变而成的杀人犯;还有"怪物"主题——电影中的现代人类已经蜕变为超人,那么人类未来会变成什么样子,电影也做了推测。

在电影开场戏"人类的黎明"中,我们看到太阳从地球的荒原天际冉冉升起,听到理查德·施特劳斯受尼采如诗如歌的《查拉图斯特拉如是说》启发而谱写的激动人心的配乐。几个人猿,一起走在通往种族灭绝的道路上,路途漫长,可悲可叹。旅程伊始,只见当中的一个人猿豪情万丈,把动物骨头向空中高高抛起。接着,让观众惊讶的是,镜头一切换,骨头立即变成轨道卫星,原始人类 300 万年的进化只停留了一个帧幅,就瞬间被抹掉了。驱动这些早期原始人类的引导进化的罪魁祸首是黑色巨石形状的外星神器——尖碑。就像 H.G. 威尔斯《世界大战》中的火星人一样,尖碑代表了"虚空"。原始骨头的镜头切换标志着人类进入了近代。从跨入这个时代的第一天起,人与机器就密不可分。神秘的尖碑改变了原始人的地平线。通往超人的旅程开始了。

在"骨头变成轨道卫星"的那一帧镜头里,太空时代到来了。这是一个平淡无奇的时代,企业和技术是这个世界的主宰者。库布里克就是以这个手法影射我们在这个旅程中的角色。他说:"你就在这里。"具有讽刺意味的是,最"人性化"的角色竟然是强大的智能宇宙飞船电脑 HAL 9000。黑色尖碑赋予的强大的进化力量又一次姗姗来迟。

太空时代的概念,最早是"外星智慧"从猿类那里得到启发的。这个所谓的"外星智慧",其实就是那块尖碑。再一次,人类自我发现的旅程在尖碑的监视之下达到了巅峰。从那个时刻开始,长得和宇航员大卫·鲍曼相貌一样的现代人类也开始寿终正寝。巨大的地球占满了整个屏幕,超人星孩漂入观众的视野。星孩步履蹒跚,穿越过时空。这个画面暗示着新的力量已经诞生。人类已经超越了世俗的局限。

库布里克的圣经

《2001太空漫游》已经酝酿了很多年。库布里克把《宇宙中的智慧生命》视为这部电影的圣经。《宇宙中的智慧生命》是由美国天文学家卡尔·萨根和俄罗斯天体物理学家约瑟夫·什克洛夫斯基于1966年撰写的，这本书是关于外星智慧的首部开创性的科学著作。

萨根和什克洛夫斯基也曾在《宇宙中的智慧生命》一书中对引导进化进行过推测。他们的论点基于德雷克方程式。该方程式计算了可能与人类接触的银河系内外星球高智文明的数量。他们的推理是这样的：银河系当中，如果存在技术层面已经完成了的足够数量的外星文明，那么他们中会有一些人主动与其他相对落后的行星接触。每间隔10万年左右，他们就会造访这些行星，以指导和监测这些行星上的生物进化。如果监测频率加快，比如每隔几千年一次，那么外星人的来访可能会在有历史记载的时间段内发生。如果你知道自己在寻找什么，你就可能找到证据。

为了证明他们的观点，萨根和什克洛夫斯基对苏美尔文明不可思议的起源进行了深入思考。两位科学家明确表示，他们并不是要把这个当作"外星人来访的例子"，但他们得出的结论是，"传说表明，人类与波斯湾沿岸拥有巨大力量的非人类文明之间的接触"发生在公元前四千年甚至更早，地点是苏美尔地区的某个角落。对古代作家的诸多独立历史资料进行考证后，苏美尔人的后裔表明，苏美尔文明是非人类带来的。他们的文献里详细记载了一连串奇怪的生物，时间跨度足有几代人。文献推测，这些奇怪生物的唯一目的是教育和引导人类。每一个生物对他前任的使命和成就都了如指掌。而且，当每当发生洪水威胁到人类新知的时候，这些生物就会采取保护措施，让人类新知得以保存。萨根和什克洛夫斯基指出，"与超人接触的直接性质是值得注意的。（访客）被描述为'被赋予理性的动物''生灵''半恶魔'和'人'。但是，这些生物从不被描述为神。"

我们是否能找到过去引导进化的确凿证据，只有时间才能证明。然而，匈牙利语言学家、系统科学家贝拉·巴纳锡对"人类有朝一日可能成为什么"的话题更感兴趣。在《社会的引导进化》一书中，巴纳锡认为第一个决定性的事件发生的时间节点在几百万年前，我们的原始人类的祖先那时才开始形成。第二个关键事件发生的时间节点是智人开启文化进化的革命性之路的时候。巴纳锡说，今天，我们已经到了第三个重大事件的时间节点——有意识进化的革命。另外，我们有能力，也有责任，去引导我们自己这个物种的进化进程。

05 七件馆藏品中的科幻史是什么？

"我们回到过去，穿越全球，看看我们人类在过去两百万年里是如何塑造世界，又如何被世界塑造的。这本书试图讲述世界历史……方法是破译这些馆藏品跨时间来往的信息……这些馆藏品涉及的不仅是个别事件，而是整个社会错综复杂的方方面面。每个馆藏品讲述了它们的世界，也讲述了日后重塑和重新安置它们的历史。人类创造的东西……以及这些东西几个世纪以来经常大家好奇的旅程……正是《大英博物馆世界简史》试图呈现的。"

——大英博物馆馆长尼尔·麦格雷戈，《来自过去的信号》，
摘自《大英博物馆世界简史》

来自过去的信号

2010 年，大英博物馆决定和 BBC 共同追溯历史。经过长达 4 年的编撰，研究人员从大英博物馆馆藏中精选 100 件藏品，制作了一档节目，讲述人类的历史。这个节目以广播形式在 BBC 播出，持续播出六个月。这 100 件馆藏品的时空跨度很大，有坦桑尼亚百万年前的手斧、克里特岛古代文化中的米诺斯牛雕像，还有达尔文的"贝格尔号"轮

船的计时器。博物馆提醒大家，这个里程碑节目是在叙述历史，而不是在查问历史。那么，除了亲自试验，还有什么更好的方法来讲述基于现代文化的科幻小说史呢？为了减少篇幅，我们在这里就从这 100 件馆藏品中挑选出最神奇的七件来说说。我们尊重原著的意图，从选定的科幻小说史中按时间顺序对每个文物作简要介绍。

1. 真假玛丽亚

玛丽亚是 1927 年电影《大都会》中的女性机器人，她时尚，有金属质感，洋溢着艺术气息。弗里兹·朗的《大都会》是一部科幻电影，在魏玛共和国鼎盛时期的德国制作，也是当时最昂贵的无声电影。弗里兹·朗的风格和开创性作品被称为"射线枪哥特式"。这部电影以当代现代主义和装饰艺术的建筑为特色，但它也是对现代环境设计理念、摩天大楼和社会阶层的未来主义的反乌托邦。

假玛丽亚不仅仅是 2026 年大都会未来主义城市的居民，她还是电影中最早的机械化人类之一。她喜欢跳艳舞，喜欢男人为她大打出手。她利用自己的魅力，混入反乌托邦社会的民众里面，伺机制造骚乱，不为别的，只为推翻统治阶级。她是个具有革命意义上的机器人！也难怪在接下来的整个世纪里，每一个机器人都从她身上获得灵感。有谣言说她是 C3PO[⊖] 之母，这未免过度夸大了。

2. 超人披风

自从《动作漫画》首秀以来，超人对于许多人来说，一直是他们心目中最具标志性的超级英雄。超人卡尔-艾尔力量超群，上天入地，奔逸绝尘，最重要的是他来自另一个星球。

哪一件神器会成为钢铁侠和随后出现的众多超级英雄的标志？答案是红色披风。在几乎各种版本当中，超人披风都有一个"S"盾作为饰物，代表早期的超级英雄。卡尔-艾

⊖ 《星球大战》系列作品中的礼仪机器人。——译者注

科幻小说中的科学

第二部分 时 间

尔出现后的几十年来,"S"盾牌成了超级英雄角色设计的模板。事实的确如此,胸前戴上这个象征性符号的做法,被后来的超级英雄纷纷效仿,包括蝙蝠侠、蜘蛛侠、神奇女侠和闪电侠。也许某一天,历史学家会对"S"的含义争论一番:这个S到底代表什么?是"家族徽章"?是"蛇"?还是"氪星人希望的象征"?或者仅仅代表"超人"而已?

3. TARDIS

TARDIS是英国科幻电视剧《神秘博士》中的时光机和宇宙飞船。受爱因斯坦和他的相对论的启发,编剧把飞船命名为"TARDIS",即Time And Relative Dimensions In Space(时间和空间的相对维度)。TARDIS于1963年开始出现,其内部要比外部空间大,这一点让它声名赫赫。飞船一旦着陆,不论何时何地,船上的变色龙系统能够使船身颜色瞬间与周围的环境融为一体。因为内部电路很早之前就已经损坏,这个飞船就变成了一个辨识度很高的电话亭。现在的人一看到警察岗亭,首先想到的是本不存在的TARDIS,而不是它的真正用途。

"TARDIS"现在是BBC的注册商标,尽管最早的设计方案是伦敦大都会警察局提出的。这个词已被《牛津英语词典》收录为一个条目。辨识度很高的TARDIS在苹果、谷歌等公司的营销宣传中都有一席之地,在形形色色的媒体中也屡屡被当成英国的文化参照。(在此值得一提的是《回到未来》中的时光机——一部型号为"德劳瑞恩"的汽车,这部虚拟的汽车远比它在现实世界中的同型号真车出名。)

4. The Ansible

Ansible是能够进行即时或比光速更快的通信的设备。它可以在任何时空的任何距离上与其他Ansible进行双向通信,并且没有延迟。这个词是美国作家厄休拉·勒古恩于1966年创造的,后来被套用到很多电影和小说当中,包括奥森·斯科特·卡德的《安德的游戏》一书及同名电影。事实上,虽然很多电影没有提到这个设备,但如果没有Ansible,类似《星球大战》和《太空堡垒卡拉狄加》中的那种太空协作战斗就没法进行。

5. 人性测试机

美国科幻小说家菲利普·K.迪克写了大量作品,包括四十四本小说和数百篇短篇小说。认同他的人很少,直到他54岁去世后,这位小说家才渐渐被世人认可。得到认可主要归功于他的小说《仿生人会梦见电子羊吗?》。这部小说经改编后被搬上了大荧幕,改名为《银翼杀手》。不论是题材还是摄影,这部电影的影响力都很大,它在新科幻运动中扮演了重要角色。20世纪末的科幻发展标志——赛博朋克就是新科幻运动的缩影。

人性测试机来自迪克的书,它是一套虚构的测谎仪装置,供洛杉矶警方使用,用于判定受试者是复制人还是人类。该机器用于测量目标对象在回应情绪激发问题时的呼吸频率、脸红反应、心跳频率、眼球运动等生理活动。实际上,《银翼杀手》开场就让人性测试机进行了一番测试。这本书的关键——虽然电影里没有强调——是迪克的论点:同理心是人类的共同特征。

6. HAL 9000

HAL(启发式编程的算法计算机)是《2001太空漫游》系列中的主要反派,因为库布里克的《2001太空漫游》而名声大噪。我们在电影里可以偶尔看见HAL的某个躯体部位,但在大部分情节里我们看到的只是一个带红点或黄点指示灯的相机镜头。HAL说话语气柔和,富有理性,偶尔也有点儿居高临下。他有一个强大的大脑,这与人类飞行员的庸庸碌碌对比鲜明,而且颇具讽刺意味。HAL是电影里面出现的第一个、也是最凶残的人工智能。在美国电影学会的《百年百大英雄与反派》中,HAL被列在"电影反派第13位",HAL还拥有以他的名字命名的第9000颗小行星,该小行星处在火星和木星轨道之间的小行星带上。

7. 光剑

光剑是最不需要花费太多口舌来解释的科幻武器,这也恰恰表明这个武器盖世无双的身份(在这里我要特别提到影片里的"死星"这个虚构太空要塞,当然,如果博物馆馆长觉得在博物馆里放个"死星"是向宇宙发起挑战,那就另当别论)。光剑赫赫有名,同时也带来了个问题:为什么在乔治·卢卡斯之前没有人想到它?光剑把我们带到了全民崇尚骑士精神的中世纪,但高科技让这把剑焕然一新。"绝地们"被称为武士。没错,如果你认真观看,他们那里也摆有圆桌[⊖]。虽然光剑的射程有限,但凭借绝地武士的剑法,光剑成了最致命的武器。在空中挥舞的时候,光剑会发出独特的嗡嗡声,挥舞得越快,音量就越大。绝地武士用光剑获取信息。光剑是用于防御的,他们不会拿光剑去攻击别人。2008 年,英国《每日电讯报》曾报道:一项针对数百名影迷的调查表明,光剑是电影史上最受欢迎的武器之一。

⊖ 圆桌的含义是"平等"和"团结",圆桌骑士是传说中不列颠君王亚瑟所领导的一群优秀骑士。 ——译者注

06

《疯狂的麦克斯》：
社会是否会陷入混乱？

"人们有时认为技术会自动逐年变得更好，其实不然。只有聪明人卖命地干以使其变得更好时，技术才会变得更好。这就是技术进步的现实之路。看看文明史，看看众多文明。在古埃及，他们修建了令人难以置信的金字塔，但过后他们却把修建金字塔的技能忘得差不多了。甚至是象形文字，他们也忘记怎么读了。或者看看古罗马，看看他们是如何修建令人难以置信的道路、渡槽和室内管道的，但他们却将修建的工艺忘得一干二净。历史上这种例子举不胜举，所以我觉得应该永远记住，熵并不站在你这边。"

——埃隆·马斯克，播客《如何构建未来》

"我参加过很多聚会，按照传统文化的标准，参加聚会的这些人应该是受过高等教育的，他们侃侃而谈，对科学家的无知嗤之以鼻。有一两次，我被激怒了。我问他们当中有多少人可以说说什么是热力学第二定律。但应者寥寥，应声的也是不知道。然而，我问的是一些与科学差不多的问题：你读过莎士比亚的作品吗？"

——英国科学家、小说家查尔斯·珀西·斯诺，《两种文化与科技革命》

"熵增定律，我认为，占据着自然定律中最重要的位置……但是如果你的理论被发现违背了热力学第二定律，我可以告诉你毫无希望了；你的理论只能在极度的耻辱中崩溃。"

——英国天文学家、物理学家亚瑟·爱丁顿，《物质世界的本质》

"至于人类，从长远来看，没有理由认为他能逃脱其他生物的命运。如果有生物的兴衰规律，人类现在的境况就非常危险。一万年来，尽管有战争、瘟疫和饥荒，但人类的数量一直在不断攀升，人口增长的速度越来越快。从生物学上讲，人类获得胜利的时间已经太长了。"

——乔治·R. 斯图尔特，《地球永存》

"我不知道第三次世界大战会用哪些武器，但第四次世界大战中人们肯定用木棍和石块。"

——阿尔伯特·爱因斯坦，接受阿尔弗雷德·维尔纳访谈的讲话

熵

想象一下，你身处终端码头，把时光机的控制值设定到了最大。好了，你看到自己置身于遥远的未来，身处废墟，尘埃漫天。你已经走到了时间的尽头。被潮汐力锁定的地球，围绕着红色的巨星——太阳——不停地盘旋，并向着太阳直冲而去。无尽的日落之中，太阳静静地悬挂在空中，纹丝不动。太阳系正走向崩溃。在 H.G. 威尔斯著名小说《时间机器》里，世界末日就以这样的。威尔斯用哀伤的笔法描绘了达尔文的进化论，算是迈出了一大步。他将整个宇宙描绘成一台供电不足的机器。宇宙处于熵衰变状态，人类正被一把扫入"宇宙诞生的黑暗"当中。

随着宇宙学的发展，天文学家逐渐意识到威尔斯可能是对的。这种垂死宇宙和熵漂移的现象被称为"热寂"。科幻小说在捉摸不定的 20 世纪 60 年代跨入一个更超前更

大胆的时代时，热寂的场景便从宇宙转移到了个人，从外太空转移到了内太空。博学者帕米拉·佐林出版的《宇宙的热寂》是科幻小说中最被低估的作品之一。这个故事有五十四个段落，每一段都编了序号，叙述美国加州"母亲"莎拉·博伊尔为准备孩子生日所做的家庭琐碎之事，同时也交织着对熵、混沌和热寂本身的反思。《宇宙的热寂》是新科幻小说的现代经典之作，具有不协调性、实验主义和政治色彩。小说是佐林为《新世界》杂志写的，后来越来越多地融入了"科幻小说新浪潮运动"比较激进的试探性和前卫性的东西。《新世界》杂志主编摩尔科克本身就是一位非常出色的作家，他称赞佐林的短篇小说将熵等现代科学神话与现代小说融为一体的题材——作为牺牲品的家庭主妇——联系起来。家庭理想破灭，整个宇宙日渐坍塌，把这两者相提并论，这是一种嘲讽，同时也把世俗与宇宙融为一体。佐林的小说和当年众多小说一样，紧随新思维，遵从新感觉，打造新行为，学生和年轻人开始摆脱传统束缚，迎接新观念：解放自己的感官，关注周围的一切，相信自己蕴藏的能量！

自广岛和长崎事件发生以来，科幻小说一直在安抚我们，让我们对世界末日的恐怖安之若素。对熵未来的灾难性图景，很多人非常焦虑。原子弹带来的影响是显而易见的。未来已非昔日能比。单轨电车、银色盔甲，还有世代星际飞船，老科幻小说中的这些常客，都已经一去不复返，取而代之的是灾难和热核蘑菇云等不祥之物。

在核弹爆炸之前，也曾经有过关于世界末日的小说。《最后一个人》是第一部描述人类灭绝的小说。书中的故事于21世纪末结束，当时，虽然社会有了长足的进步，但一场战争引发了席卷全球的瘟疫。最后的幸存者在荒凉的星球上，四处闲逛，期望能找到一个活着的人，但徒劳无功。

另一部"最后一个人"的小说是1901年出版的《紫云》，作者是M.P.希尔。小说描述了一个始自极地的灭世诅咒。希尔的这部小说被H.G.威尔斯盛赞为"精彩之极"，而被H.P.洛夫克拉夫特说成"怪异的典范"。小说主角亚当·杰夫森不经意间逃脱了一场全球性的灾难，这场灾难是由一簇紫色云雾带来的，这朵云摧毁了地球上几乎所有的动植物，而亚当·杰夫森成为饱经蹂躏的地球的唯一幸存者。虽然，小说偶尔也有"紫云"般的浪漫片段，但孤立无助的场景却描写得绘声绘色。正如 H.P. 洛夫克拉夫特在《文学中的超自然恐怖》中所说，小说"对其心境技艺高超描写充满了艺术性，并与雄伟仅有一步之遥。"

地球永存

社会的沦陷与混乱也是乔治·R. 斯图尔特的小说《地球永存》的主题。小说中，全球性的疾病给人类带来了一场灾难，而且无药可救。那时的科幻小说痴迷于原子弹这类题材，但斯图尔特并没有跟风，而是选择了"瘟疫"来消灭大部分人类。瘟疫肆虐，只有那些有自然免疫力的人才得以存活下来。在这场人与自然的原始启示录中，斯图尔特对祸起之源也颇感矛盾。这场大劫难可能是人为失误引发的，"从某个细菌战实验室跑出来，甚至可能是报复性泄漏。"或者还有一种可能性，就是"生物兴衰定律"引起的自然衰变过程。

《地球永存》中的主角伊什从深山踏入一个陌生的世界，却发现一夜之间，现代社会已不存在，呈现在他眼前的是荒无人烟的世界末日情景。有些执着的活命主义者认为文明几个星期就可以重建，就凭一辆将近报废的车辆、一把钢锯，以及一把瑞士军刀。但这本书的观点却与之大相径庭，认为文明不可能修复到原来的状态。小说的书名正呼应了《传道书》里的一句名言："一代既往，一代又来，而地球永存。"

《地球永存》引人注目的地方是描述后世界末日的陈词滥调极少。故事当中，没有衣食住行的匮乏，没有肮脏不堪的飞车团伙，也没有把到处游荡的雇佣军暴徒强加进去，甚至善恶之间也没有一场滑稽的终极之战。相反，伊什是一位科学家，他不是一个英雄。他生存技能低，但智商很高。小说认识到，即使是科学家，也难逃人类的弱点，这点与其他小说中的传奇英雄完全不一样。

《地球永存》记录了伊什的后世界末日生活。伊什把所有精力全放在与几个瘟疫幸存者一道恢复文明的事业当中。故事的焦点是生态系统。只要工业化的恶臭消失殆尽,生态系统就会重返正轨,朝着可持续的方向发展。书中有个片段,伊什看到了远处闪闪发光的"可口可乐"商标。这四个字被很多人视为文明的标志,但他当时的想法却是:它能在这里存活多久?

伊什是美洲文明的最后一位使者,也是最后的美洲人。像许多后世界末日的故事一样,《地球永存》最后还是用上了惯用手法:没有人烟、没有文明的束缚,以及独自面对大自然的气魄。

1945年,海伊和沃尔特斯在其所著的《爱因斯坦的镜子》一书中引用了爱因斯坦的一句话:"我不相信文明会在一场核战争中消亡。也许全世界有三分之二的人会受害。但是,有足够多有思维能力的人、有足够多的书得以幸存,文明可以借此恢复。"相比之下,《地球永存》却是人类的挽歌。到故事结束时,伊什建立的社区已经变得乱七八糟,社区里的那些狩猎采集人像尼安德特人一样"原始",除了求神问卜,他们对"文明"的重建完全不感兴趣。

这也为《疯狂的麦克斯:狂暴之路》作了漫长的铺垫。这部 2015 年的电影可以说是 1979 年开始播出的连续剧《疯狂的麦克斯》的续集。核大屠杀之后,世界变成了荒芜之地,为数不多的几个文明在挣扎中求生。科幻小说中谈到的社会熵衰变,引发了美国学者贾里德·戴蒙德对事实真相的思考。在《崩溃:文明如何选择失败或成功》一书中,戴蒙德对社会崩溃的诸多历史事例进行了原因分析。他有个论断对于《疯狂的麦克斯》的粉丝来说有点意思:"其实,这是从玛雅人、阿纳萨齐人、复活节岛民和过往的其他崩溃文明中吸取的主要教训之一。某个文明的急剧衰落可能是从这个文明的人口、财富和权力的巅峰时期的一二十年之后开始。"桃乐茜,准备好战斗装备吧,"堪萨斯州"可能要和你说再见了。

07

《少数派报告》与《黑客帝国》：
我们会有先知能力吗？

"快乐人间，百合将盛放如故；他要与狮子的后裔争斗，他要与拥有很多船只的那个国家一起奋战。然后，人子将到来，怀里怀着一只凶猛的野兽，他的王国在月球之地，世界为之震慑；他将率众人涉水而过，来到狮子之地，向国中的野兽求助，一只雄鹰在东方冲上云霄，顺着人子的光芒，摧毁泰晤士河上的城堡。众多王国，必有征战。那一年将是血腥之年，百合 F.K. 将丢王冠，人子 K.W. 由此加冕，第四年为良辰吉日。普天之下，必将美美与共，五谷丰登；在此之后，他要前往受难之地。"

——希普顿修女，在《希普顿修女预言》里有意无意地提到
中世纪预言的奇异和超现实现象

"预测很难，尤其是预测未来。"

——尼尔斯·玻尔，引自亚瑟·埃利斯的《基础社会研究的教与学》

"我从来不为未来考虑过多，因为它马上就会到了。"

——阿尔伯特·爱因斯坦

先知

预言比科幻小说的历史悠长多了。各国已知的古文化不乏先知。这些先知把预言作为音信,声称这是神灵亲口传授的。通常,这些音信体现的是神的旨意,是带给先知身边的普罗大众的。不用说,先知们也趁机捞了不少好处。

我们来谈谈《希普顿修女预言》吧,希普顿修女这位英国预言家真名叫"乌苏拉·索塞尔",还有一说是"乌苏拉·苏特尔"。她的一生是个传奇,尽管她的预言直到1641年,也就是她死后80年才公之于众。在早期的哑剧里,灰姑娘的丑陋姐妹和飞蛾等角色还一度以希普顿修女的漫画形象出现。

《希普顿修女预言》发行之后,预言背后的那个女人终于浮出水面。据说乌苏拉相貌丑陋,出生于英格兰北约克郡一个名叫纳尔斯伯勒的小村庄。她全家住在山洞里,不远处便是"石化井"。井里的水非常神奇,碰过井水的东西没多久都会变成石头(其实这是一个纯自然过程,这里的水含有浓度很高的矿物质,经过蒸发和沉积,可以在物体表面形成一个硬壳,但这种奇怪现象把中世纪的人吓坏了)。不出所料,"希普顿修女"洞穴和"石化井"现在变成了一个观光景点,还有配套的公园。

希普顿修女的一生以预言而出名,她的预言大都是和当地或世俗相关比如当地农民今年的作物收成好坏,但她也以两首著名的预言诗而威震四方:"路上跑的车子没有马,灾难给世界带来疾苦。伦敦城中央的樱草山上,可以看到主教的大海",这首诗不仅预测了汽车和火车的到来,而且更具体地预测了英格兰教会的形成。"世上的人,思想会一飞冲天,和眨眼一样穿梭飞快。流水创造大奇迹,见怪不怪,一切都会变成现实。"这首诗不仅预测了电话、电视和互联网的发明,还预测了如尼亚加拉水电站等水能发电工程!

希普顿修女的各种超能力闻名遐迩,这些超能力被塞缪尔·佩皮斯在日记中一一记录。塞缪尔·佩皮斯是英国著名的政治家,因写日记出了名。他在日记里写道:在陪伴皇室对1666年伦敦大火进行调查的过程中,我听到皇室成员曾经议论过希普顿修女关于此次火灾的预言。佩皮斯信誓旦旦地提到了一些诗句，例如"伦敦墙上烟火张，魔法始于布丁巷。"或诸如此类的押韵诗（不瞒您说，最后这两句诗是我胡拼乱凑出来的）。

在关于希普顿修女的种种虚假传说中，最著名是她对世界末日的预言。"世界末日甩不去，一千八百八十一。"写这句话的人似乎是为了钱而胡说八道，想都不用想，这都是希普顿修女那个年代的套路！

预测科学

做适当的预言，这在科学界当中也是常有之事。科学是行动的指南。科学以实践为出发点，指导人们如何做事，告诉人们如何从实践中预测结果。进一步说，科学指导我们如何开展此项某个特定的工作，指导我们是否有必要开展此项工作，告诉我们开展此项工作所产生的后果。显然，这个规律蕴含着巨大的力量。科学，就是认识物质的运动规律，寻找隐藏在自然现象背后的奥秘。通过认识自然的基本规律，科学才会有适应变革的宿命和力量。

在本书的前半部，我们谈到了科幻小说如何成为理论科学的畅想的手段——对臆想世界的探索。科学家如何建立臆想世界的模型，然后再验证他们的理论？科幻小说作家和电影制作人如何探索未来的臆想世界？他们的视角更宽阔，也没那么条条框框，他们有的只是科学界和科幻小说中习以为常的"如果"精神。科幻小说痴迷于未来，因此，我们看到预测和预知（字面意思就是"看到未来"）这类题材广受欢迎，就没什么大惊小怪了。在这方面，菲利普·K.迪克1956年的《少数派报告》是最出名的短篇小说。虽然没有人一本正经地把迪克称为"科幻小说界的希普顿修女"，但他的三个"先知"变种人也能侦查出人的犯罪企图，并在史蒂文·斯皮尔伯格2002年的同名电影中大放异彩。这几个"先知"有超人的能量，可以看到未来两周要发生的事情。他们被绑在机器里，只能在机器里喋喋不休，胡言乱语。不过机器对他们倒是言听计从，他们胡说八道的话都被转化为对未来的预测。

也许这一切看起来像是科幻小说，但现实中真的有一个全新的科学领域在做类似的事情。这个领域叫"历史动力学"（Cliodynamics，以希腊神话中主管历史缪斯女神 Clio 命名），它可以让学者用批判的眼光看待历史，预测未来。根据这个理论，2020 年左右即将出现的一波涉及面颇广的暴力浪潮，其中有骚乱，还有恐怖活动。这是"历史动力学"这个新兴学科根据历史趋势做出的推测，其依据就是所谓的"内部档案"，即来自遥远过去的数据库。

这个全新领域的学者发现了社会动荡的模式。分析结果清楚地描绘了 100 年来社会动荡的曲线。每一次动荡之后，总有一个 50 年的政治暴力影响叠加周期。暴力循环的根源在于社会不公。不满情绪不断积累，形成一股压力，日积月累，只有通过暴力才能释放。学者们绘制出为期几十年的社会不公的发展路径。当临界点到来的时候，政府就得有所行动。如果政府反应稍迟，就会引发社会变革。但随着时间的推移，改革回到原点，社会不公将再次加剧。在"内部档案"当中，这类事情可谓数不胜数。

08

《光之王》：
科幻小说如何欺骗死亡？

"我信仰我自己的痴迷——车祸中的美，沉没的丛林的宁静，冷清的假日沙滩的刺激，报废汽车墓地的优雅，多层停车场的神秘，废弃酒店所蕴含的诗意……我信仰想象的力量——可以再造世界，可以揭示我们内在的真实，可以驱散黑夜，可以超越死亡，可以使公路着魔，可以为我们取悦鸟儿，可以获取癫狂者的秘密。"

——J.G. 巴拉德，诗歌《我的信仰》法语版

"魔法石其实并不是多么美妙的东西。有了它，不论你想拥有多少财富、获得多长寿命，都可以如愿以偿！这两样东西是人类最想要的——问题是，人类偏偏就喜欢选择对他们最没有好处的东西。"

——阿不思·邓布利多，引自 J.K. 罗琳的《哈利·波特与魔法石》

"我很乐意相信，在我死后，我会得以重生，我的思考、感知和记忆，有部分会得以延续。然而，尽管我愿意相信这一点，也尽管古代和全世界的文化传统都有转生之世的说法，我不知道有什么可以表明这不仅仅是一厢情愿。世间如此美妙，处处充满爱，处处是美德，我们没有理由用毫无依据的甜言蜜语来自欺欺人。在我看来，柔弱躯壳下的

我们，更好的方式就是直视死亡，心怀感激，感激天假良缘，昼夜不歇，虽然稍纵即逝，但波澜壮阔。"

——卡尔·萨根，《科学沉思与人文关怀》

"我不会永远活着，因为我们不应该永远活着，因为如果我们应该永远活着，那么我们就会永远活着，但我们不能永远活着，这就是为什么我不会永远活着。"

——美国小姐大赛上亚拉巴马州小姐感言

凡人永生

尽管那位选美小姐很有口才，但还是抵挡不住科幻小说中对长生不老的不懈追求。当然，长生不老在童话和神话中比比皆是，比如魔法师梅林、特洛伊战争中的希腊英雄阿喀琉斯。

科幻小说的创始者玛丽·雪莱在小说《凡人永生》中描绘了一位长生不老的英雄。在书中，科学代替了魔法，主人公的命运从此改变。他眼睁睁看着周围的人一个个生老病死，唯有他超然独处。他已经成为时空旅行者，注定要永远前行。雪莱的小说利用早期生物学的方式来实现永生，利用疗法和药物，人为地延长寿命。

就这样，在雪莱之后，为了实现永生，科幻作家用尽了方法和套路，包括优生学、基因工程、人造器官，甚至上升到赛博人。以赛博人为主题的小说以《神秘博士》为典型，他们的身体器官可以用神经机械器官替换，从而获得永生，但在此过程中却失去了人性。

然而，达尔文主义与"永生"却水火不容。达尔文主义认为，死亡是自然进程的一部分。自古以来的化石记录一再表明所有物种都会灭亡。因此，在达尔文的全局进化过程中，所有物种不是一成不变或亘古永恒的。人类与地质历史垃圾箱里数十亿灭绝的生物没有什么不同。既然如此，人类怎么可能欺骗历史、超越自然规律呢？

第二部分 时 间

控制论还是遗传学？

奥布里·德格雷是生物与老化医学领域的领军人物。生物与老化医学是一个研究衰老问题的学科。德格雷认为他已经找到了解决问题的办法。这位剑桥大学学者踌躇满志地设立了一个"玛士撒拉长寿鼠奖"，奖金授予能使小鼠寿命明显超过现有记录的研究人员。德格雷认为该奖项是生物永生的第一步，开始是老鼠，最后是人类。

为了解决衰老问题，不少作家把赌注压在神经机械学上面。近段时间以来，这个问题一直离不开一个构想：用计算机技术把我们的个性资料上传并保存，让我们得以永远活下去。英国作家奥拉夫·斯塔普雷顿是这个设想的启蒙探索者之一。他在1930年的小说《最后与最初的人：临近与遥远未来的故事》中提出了这一想法。在这本书中，人类成功研发了与人脑类似的机器大脑，人类"永生"由此指日可待。美国作家罗杰·泽拉兹尼的科幻小说《光之王》出版。该书讲述了一艘宇宙飞船上的船员通过将意识上传到新躯体从而获得"永生"的故事。几次成功之后，船员们开始自视为神。受科幻小说的影响，机器人和认知科学领域的领军工程师将这种新意识称为"信息变体"——这是一种意识仿真。在这方面，澳大利亚科幻小说作家格雷格·伊根在他的作品中做了大量的探索。科学家承认，目前的技术水平不足以解决信息变体问题，但也有一些人指出，随着计算技术水平的指数级提升，信息变体的曙光也许将要来临。

如果信息变体无法给我们永生，也许遗传学可以做到。我们的基因可以将我们的身份编纂成法典。进化生物学家理查德·道金斯在《自私的基因》一书中提出了这一观点，并得到了公认。其结果是：克隆是实现永生的路子。探索这个话题的科幻电影突然得到了启示——能用一模一样的基因体实现长生不老吗？

不过，你也可以做个大胆的猜测：搞量子物理学的那些家伙肯定会跟这种设想过不去，他们手中有王牌——"量子永生"。根据一些量子技术专家的说法，量子理论的平行多世界意味着，在无限宇宙中的某个地方，人的每个行为都可能会发生（或不发生）。

科幻小说中的科学

所以，在你的生命中存在一条"永远不死"的通道，你做出的每一个决定都会影响你延续的生命。亲爱的读者，我真心希望你对这个选项不满，我写的这段话的时候也是如此。这种事情不太靠谱，更不用说是变为现实了，连我都觉得不值得在这上面浪费墨水。事实上，在（量子学家所说的）大多数宇宙中，我可能没有写过这段话。如果下次你拿起这本书来找这个段落时，这个段落已经不复存在，那就更奇怪了。

09

《现代启示录》:
科幻小说中带来世界末日的六种方式都有哪些?

淡入:

电视画面。一条商业街。一辆废弃的汽车。在车旁的路上,鲜血淋淋。小女孩留下的红鞋子。

远镜头:

英国一个城市发生骚乱。一种强大的病毒让市民愤怒难平。《病毒感染者》。他们成群结队,横冲直撞,相互杀戮,死伤无数,暴民对暴力贪得无厌。

——卢万·乔菲、胡安·卡洛斯·弗雷斯纳迪罗和

杰苏斯·奥尔默,《惊变28周》剧本草稿

"大海捞针。天上的星星比地上的人还多。科学界人士通过望远镜不断地探索太阳系中的每一个角落,以寻求新的发现,也希望借此更好地了解宇宙规律。致力于天文研究的天文台要么建在崇山峻岭之上,要么建在穷乡僻壤当中。最偏远的天文台当属南非的肯纳山天文台。'如果我们的计算被证明是正确的,这将是有史以来最可怕的发现。这两个天体在两周内飞行了近160万千米。'"

——西尼·贝姆,《当世界毁灭时》剧本

世界末日

世界末日即将来临。我们离这一天有多远？会以何种方式发生？对比谁都不敢妄言。然而可以肯定的是，大众和科学对即将到来的启示录的关注，是由科幻小说引发的。纵然，出于不同的信仰，宗教对灾难的描述确实是不一样，但在现代，科幻小说引发了我们对自身灭亡的持续思索，包括我们这个淡蓝色小星球上万物影灭迹绝——或者至少只剩下"技术猿"活蹦乱跳——的可能方式。以下是科幻小说设想的带来世界末日的六种形式：

1. 瘟疫

1816年，玛丽·雪莱开始着手写作《弗兰肯斯坦》，这部小说堪称现代科幻小说的开山鼻祖。那一年，坦博拉火山爆发，天空被火山灰盖得暗无天日，人们称之为"无夏之年"。在第二部科幻小说里，雪莱直言不讳地讲述了坦博拉火山爆发那样的末日情景。这部小说名叫《最后一个人》，它描述了一场全球性瘟疫的噩梦，这场瘟疫蔓延到了地球的每一个角落，最后只有一个人得以幸存。

1918—1919年，西班牙流感大暴发，雪莱笔下给人类带来灭顶之灾的噩梦变成了现实。据估计，流感导致的死亡人数约为1亿，占世界人口的5%。这是人类历史上最致命的天灾之一。这就让科幻小说界来劲了。《人间大浩劫》《惊变28天》及其姊妹篇《惊变28周》等电影曾风靡一时。未来瘟疫大流行的情景也影响了世界卫生组织，迫使该组织做出应对措施，对全球未来疫情采取了超前规划和协调。

2. 战争

玛丽·雪莱的作品对H.G.威尔斯的影响很大。他笔下关于原子弹爆炸带来的大灾难，成为大家对世界末日的关注焦点，这在20世纪的大部分时间里都是这样。原子启示录的灵感来自1945年那两次众人皆知的日本核爆炸，以及随之而来的冷战及核爆试验。由内维尔·抒特担任编剧的悲剧电影《海滨》等影片捕捉到了人们在二战后厄运将至的悲观情绪。故事发生在澳大利亚,这是唯一一个没有被核战争波及的大陆。但是核战争余波也即将把这片土地吞噬。一个镜头拉近,萧瑟之中,澳洲被吞没。在音乐声中,一面旗子迎风飘扬,上面写着:"来日方长……兄弟。"

3. 自然危机

惊悚片《丝克伍事件》[一]描述了核电站危机事件的掩盖,并谈到了未来社会完全核能化的风险。1986 年,科幻片再次变成现实。那年发生了切尔诺贝利事件,在苏联乃至整个欧洲,核泄漏带来的放射性气体挥之不去。正如我们所知的那样,世界毁灭的传说,往往源于自然而并非技术。这里值得注意的是约翰·克里斯托弗的后世界末日小说《天劫骑士》。小说描写的是一种新的病毒株感染了农作物,造成了大规模的饥荒。如今,如果这个星球被我们搞得无可救药了,那至少我们知道还有另外的世界让我们努力去投奔,除非外星人已经捷足先登……

4. 外星人入侵

他们究竟如何知道我们在这里,谁也说不清楚,但有一点可以肯定的是他们来自太空深处的某个地方。然而,有些不入流的科幻小说描写外星人入侵时,却把重点放在"外星人想对我们做什么"这种题材上——贪婪的外星人入侵地球,要么屠杀并取代

[一] 本片根据真人真事改编而成,描述的是 20 世纪 60 年代末期,一名在核电厂工作的女工因为不合理的工作制度和环境,开始参加工会活动,并搜集核电厂危害公众安全的证据。这种行为使她的工友纷纷敬而远之。最后就在她决定要将资料交给记者的时候,她却离奇地死亡了。 ——译者注

第二部分 时间

我们,要么把我们当牛做马;或干脆把我们捉起来当作食物;或根本没有什么特殊的原因,纯粹就是把地球摧毁来玩玩(在《银河系漫游指南》中,道格拉斯·亚当斯开玩笑说,入侵的沃贡建造者的舰队摧毁了地球,因为他们要修建一条超空间快速通道)。

5. 宇宙灾难

1987 年,H.G. 威尔斯发表了一篇鲜为人知的短篇小说《星》。小说中写道,一个奇怪的发光体突然爆发并进入了太阳系,直奔脆弱的地球。发光体迫近地球,引力潮汐波导致全球性破坏,地球遭到一场劫难。在接下来的一个世纪里,类似的故事在电影中上演不断。《当世界毁灭时》是一部关于一个流氓星球欲把地球毁灭的电影,情节与威尔斯的故事非常相似。1994 年 7 月,人类目睹了一次地外大碰撞——"舒美克-列维 9 彗星"撞上了木星。这是有记载以来最大的一次撞击事件。这次撞击无疑是两部电影《天地大冲撞》和《世界末日》中"妄想狂"的灵感来源。在《世界末日》里,布鲁斯·威利斯穿着他那件现已被大家熟悉的马甲,再次成为救世英雄。

6. 人工智能

在史蒂文·斯皮尔伯格的电影《人工智能》中,海平面上升和全球气候变暖,导致世界人口锐减。两千年之后,人类已经灭绝,曼哈顿被埋在冰川之下。人类已经被一种被称为"机甲人"的先进硅基智能所取代。在《黑客帝国》中人类灭亡的时间也是在 21 世纪,但比起《人工智能》要早很多。《黑客帝国》里的智能机器挑起一场传统的弗兰肯斯坦式的科幻战争,对手就是它们的创造者。这部狂想电影大受欢迎,以至于每当有人在拨打付费电话的时候,都会被误解为正在寻找"矩阵"的逃生之路。

最后一个超现实主义的片段是《死亡幻觉》这部精彩的电影。影片的主人公东尼整日牢骚满腹。有一天,他被一只名叫法兰克的巨兔告知,世界将在二十八天内毁灭。东尼接下来的旅程包含了社会挫折、人性考验,还有时间旅行。这一切恰恰在表明,世上有多少个人,就有多少个迎接世界末日的方式。

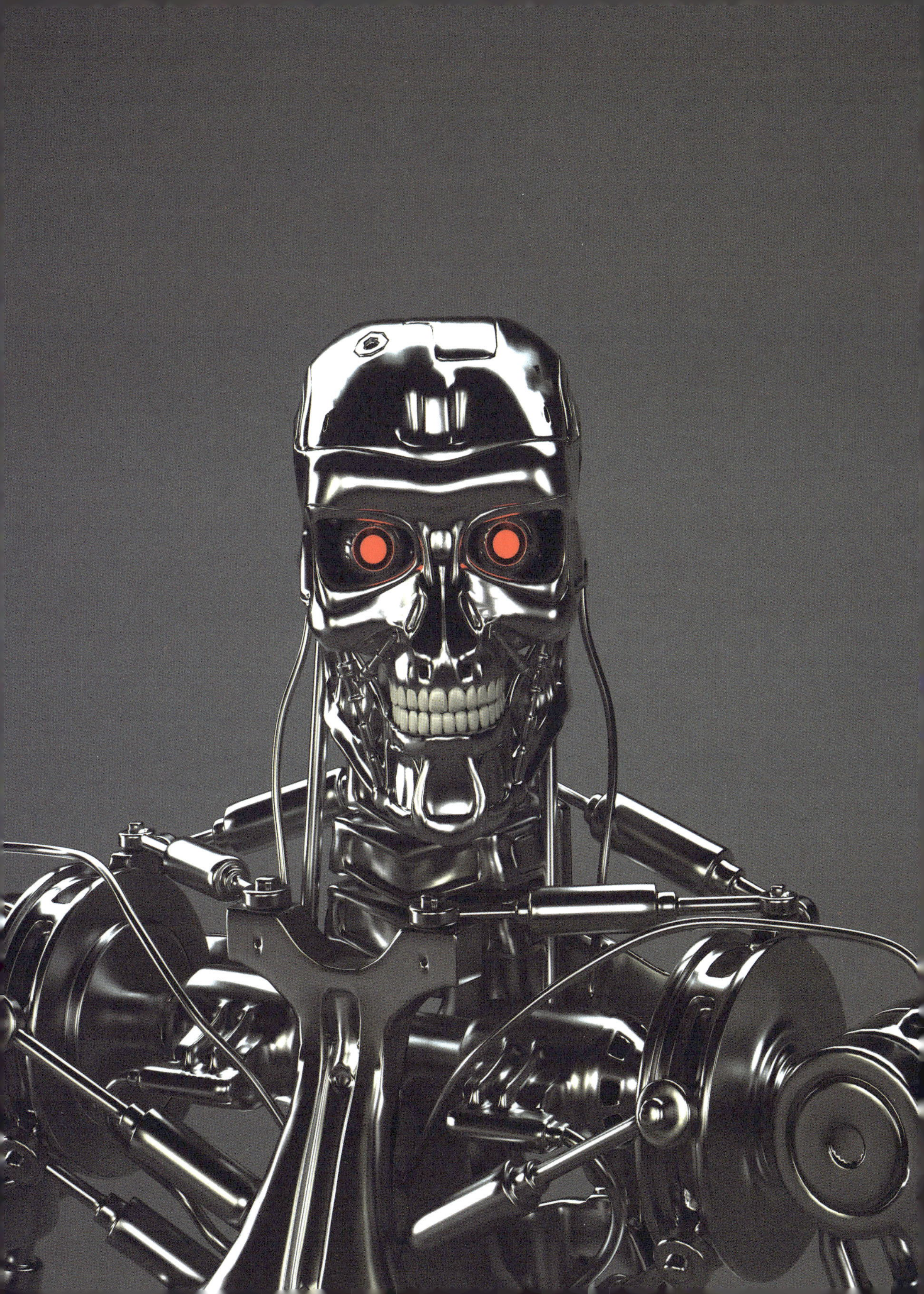

《高堡奇人》：
科幻小说对历史有什么看法？

"这是科幻小说作家写的，其中用到了科学技术的非常笔法：改变某一件事，并从中做出推断。"

——哈利·托特达夫谈另类历史，在世界科幻大会上的访谈

"姜巴点：描述时空关键分叉点的术语，用以说明若是对历史上的重要时刻进行干预，就会产生完全不同的未来。这个名字来源于杰克·威廉姆森的《时间军团》，该书讲述了'姜巴'（正面的）和'吉隆齐'（反面的）两个潜在的未来帝国的故事。前者以约翰·巴尔命名。'姜巴点'争夺最激烈的时刻是，小男孩巴尔捡起来的，如果是一块磁铁，那他就得到启迪，进入科学的海洋，最终让'姜巴'王国得以生存；如果捡到的是一块鹅卵石，那么就会导致小男孩巴尔默默无闻，而世界走向反面的'吉隆齐'王国。"

——约翰·克卢特、彼得·道格拉斯·尼科尔斯，《科幻百科全书》

"有时候，有可能，也仅仅是微乎其微的可能，我们想象一个与现存世界不一样的另一个世界版本。在这个世界中，有名副其实的正义、果敢和诚实，每个人都有清晰感知

第二部分 时 间

要善待他人。有时候,我真真切切地看到一个绿草如茵且可望而不可即的愿景,在人行道上闪闪发光,在陌生人话语中熠熠发光——这就是世界本来的样子,就像缠绕在世间的迷雾。"

——本·H. 温特斯,《地下航空公司》

"远古时代只有空气中的粒粒尘埃和炽热氢气,再没有别的什么。这种情况会再次出现。现在只是一个过渡。宇宙的进程不断向前,把生命压碎,让它们重新变成花岗岩和沼气。历史的车轮滚滚向前,所有生命都是昙花一现。而那些——那些狂人——回应了花岗岩和尘土的呼唤,回应了无生命物质的需求;他们想借助自然的一臂之力。然后,他想到,我知道为什么了。他们想成为历史的代理人,而不是被历史抛弃的人。他们认为自己拥有和上帝一样的力量,像上帝一样无所不能。这就是他们疯狂的来源。"

——菲利普·K. 迪克,《高堡奇人》

几个假设

我们来做几个假设。如果历史事件与现实迥异会是什么样?在时间上要进行多少微小的修补才会产生与现在完全不同的情景?如果世上寸草不生会是什么样?如果尼安德特人[一]没有灭绝呢?如果地球有一个适合人类居住的月球而不是一个死寂的卫星,或者,在文艺复兴时期到来之前,有一系列的外星人入侵,让世界完全意识到其他行星上存在生命,那会怎么样?如果哥伦布从未向西航行过呢?如果中东没有石油呢?如果南方赢得了美国内战呢?

英国小说家 L.P. 哈特利曾经说过:"过往时光就是异国他乡。百里不同风,千里不同俗。"然而,在另类历史的科幻小说中,过去的事情已经发生,只是方式不一样,而"现

[一] 尼安德特人是一种在大约 12 万到 3 万年前居住在欧洲及亚洲西部的古人类,属于早期智人的一种。 ——译者注

在"才是异国他乡，或诸如此类。另类历史故事包含"假设"的场景，就像上面所列的一串问号一样，这些场景围绕着过去的"姜巴点"，而这些"姜巴点"可能产生与真实记载的历史不同的结果。

《摩门经》可以被视为另类历史。据该书记载，旧大陆移民分几批来到美洲，其中主要是来自黎凡特的犹太人，他们从公元前2000年到公元400年左右就居住在美洲大陆。据说这些神秘的移民建造了豪华的城市，大到足以养活数十万战士，而美洲原住民大多是他们的后裔。这本书是19世纪初美国共同信仰的变体——也就是说，美洲是旧世界移民开拓的，但由他们创造并一度灿烂的文化已经走向衰落。顺便说一句，这个文化的所有佐证都伴随着欧洲人的到来而神秘消失。可以理解的是，《摩门经》的内容被很多的学者视为非历史故事。关于此事儿，我们就拿真正科学当中的一个小小的事例就可以证明。被称为纳瓦霍族的美洲原住民有一个基因标记，该基因标记继承自楚科奇人，而楚科奇人是一个部落，现在仍然生活在俄罗斯境内靠近北极的地方。学者们认为，楚科奇是从亚洲迁移到美洲的部落之一，时间比公元前2000年还早几千年。

另类历史

在20世纪的大部分时间里，现代文化对另类疾病的描述都离不开科幻小说。这些历史与时间旅行往往交织在一起。从一段历史跳到另一段历史，或者这条时间线上的状况被处在另一条时间线上的人熟知，是这类体裁的共同主题。事实上，跨越时空的各种另类历史已经纵横交错，不可能将它们从整个历史当中截然分开。早期关于另类历史的科幻小说中，影响最大的恐怕就是H.G.威尔斯的《神一般的人》。这个故事讲述的是被运送到"另类地球"的一群旅行者的故事。这个"另类地球"就是一个活生生的乌托邦，并且在几个世纪前就与我们现在的历史分开。因为威尔斯，时间穿越的故事在早期的低俗小说中颇为盛行，在接下来的整个20世纪也是如此。

第二部分 时 间

　　另一个值得关注的另类历史是威廉·吉布森和布鲁斯·斯特林的《差分机》。这部小说讲述了一段历史。在那段历史中，可编程计算机的守护神查尔斯·巴贝奇用他的发明改变了维多利亚时代。巴贝奇成功研发出来的这台分析机让伦敦成了网络城市的原型。这台分析机是一台早期计算机，当然，在我们自己的时间线中，这台机器根本就不堪入流。吉布森和斯特林的反现实小说构想了由于卡片驱动计算机的大规模生产，使整个西方社会发生重大变革，并发动了涡轮增压的工业革命。不同的引擎都可以改变世界，20世纪后期的信息革命是在蒸汽朋克的背景下进行的。数据在套着蒸汽护套的涡轮机之间跳舞，每个男人，女人和孩子都被标上序号。高耸入云的发动机，排列在偌大的厂房里，透过玻璃窗若隐若现——发动机数量如此之多，让马洛里乍以为墙壁都镶上了镜子，就像花哨的练舞房一样。一切犹如狂欢节当中用上了障眼法的骗局——巨大的发动机，外观一模一样，内部的构造和钟表差不多——里面都是连环相扣的黄铜部件。这些发动机和轨道机车一样大，井井有条，每部机器底部都有厚厚的软垫。洁白的天花板，高10米，上面有传送皮带，钢柱上装有巨型辐条飞轮，带动小型齿轮飞快旋转。一群身穿白衣的操作员在庞大的机器面前就像小蚂蚁，穿梭在一尘不染的通道上。

　　吉布森和斯特林笔下的另类历史类似于我们世界上维多利亚时代的伦敦的黑色沥青街道，但他们却把这座伟大的城市想象成一个烟雾弥漫、污浊不堪的大都市。虽然他们对狄更斯时代的看法似乎与我们自己的时代惊人地相似，但他们还是巧妙地找到了两条时间线之间的差距，其灵感来源不是"黑客"，而是"操作员"，以及伦敦略带小家子气的背街小巷。这些背街小巷赋予他们这个世界太多的荣耀。这些人不是无趣的维多利亚时代的人物，他们是有态度的维多利亚时代人物。但是，在科幻小说荣耀的背后，吉布森和斯特林提出了一个严肃的观点。他们正在将蒸汽朋克的起源追溯到过去的维多利亚时代。他们正在将矩阵重新定位到狄更斯的时代。那时候，变化沿着电线在弹奏，无所不在的现代计算机在维多利亚时代的科学前沿中找到了自己的祖先。

再补充一个值得注意的现象。法语中最受欢迎的反转历史是"如果拿破仑没有被打败会是什么样?"这很不寻常,因为另类历史似乎总是抛出比我们更糟糕的现实。法国人最喜欢的另类历史是会带来一个比我们现实更好的世界。原因是什么?有评论员答道:"我们都以为这是所有可能世界中最好的,但法国人却不这么认为,因为这个世界上大多数人都讲英语。"

第三部分
机 器

科幻小说中的科学

The Science of
Science Fiction

科幻小说中的科学

如果我们要求未来的历史学家用一个简单的词语来描述我们所处的时代,他们很可能把我们这个时代称为"机器时代早期"。

石器时代从开始到现在已有近三百万年,但早期蒸汽机的发明也只不过是 300 年左右。基于牛顿物理系统的蒸汽机重塑了我们这个星球,所以有人把蒸汽机称为"哲学引擎"。通过火力,发动机让我们迈入了工业化时代,虽然大家对此还是忐忑不安。发动机驱动机车行驶在铁轨之上,也驱动蒸汽轮船,穿越大西洋。有了机器,人们可以建造更好的桥梁,修建更好的道路;有了机器,人们可以发送电报,从一个站点发送至另外一个站点;机器照亮了钢铁厂和煤场,有了钢铁和煤矿,这场工业革命才有源源不断的动力。

机器时代开启,科学在生活当中无处不在,发展与技术看起来已是难舍难分。现实中的每一个小部件,都让科幻小说浮想联翩。随着时代嗜好的变化,早些时候对机器的乐观情绪也会随着烟消云散。科幻小说有两种泾渭分明的倾向——光明与黑暗。毕竟,技术革新向来都是一柄"双刃剑",科幻小说作家也开始接受这个事实。这种情绪在玛丽·雪莱的《弗兰肯斯坦》中表现得淋漓尽致。这部开放性小说讲述的是工业化时代英国科技带来的奇葩成果——毛骨悚然的户外景观,昏暗阴沉的撒旦磨坊。《弗兰肯斯坦》呼吁人们对科学实践保持警醒。对技术创造当中的权力与控制的原始冲动,该书也给了警告。这本书隐晦地提醒大家:发明者也会对自己的发明束手无策。人们已经把"弗兰肯斯坦"和原子弹、人类遗传学划为同类。这本书用事实证明,通过社会影响力来限制科学发展是很难做到的。

第三部分 机 器

玛丽·雪莱感兴趣的领域是人类与非人类之间的冲突，说她是浪漫主义运动的一部分也不足为奇。文艺复兴之后，大多数主流小说对宇宙的科学探秘漠不关心。他们认为，诗歌与物理定律没有太大的关系。然而，对于浪漫主义者及科幻小说而言，人类与非人类之间的交流是关键所在。早在1798年，英国浪漫主义诗人威廉·华兹华斯在他的《抒情歌谣集》中就暗示了科幻小说的未来。"如果科学界人士的劳动成果能创造物质革命……在现有的条件下……诗人会比现在更为勤勉，但他们也不是胡编乱造，他们会紧跟科学界人士的步伐。而且，他们将在科学界人士的左右，把灵感带到科学本身的物体当中。"华兹华斯说过，把"科学发现的体验、感觉和对人的意义"充分表达，恰恰是科幻小说的本意。这番话为缩小科学发现的新世界与光怪陆离的臆想世界之间的鸿沟提供了一个新思路。

机器时代伊始，科幻小说就始终关注技术领域的一举一动。我们如何发明一个装置，而且不以牺牲人类的感受为代价？人类与机器，何时实现共生，形成新的生命形式？技术是不是中立的？某些机器是不是真的恶贯满盈？我们至今仍对机器和机器智能持谨慎态度，也许是有充分理由的。但毫无疑问的是，我们对机器心存疑虑，一个主要原因是它们在科幻小说中的所作所为。在荧幕上那些左突右冲的小东西，没几个是能让我们在晚上睡得安稳的。相反，在深更半夜，我们闭上眼睛都能想到的是一个个的复制人、机器人，还有人工智能。他们似乎是在拼了命地要剖开人体，把人的内脏当作帽子——当然，如果机器真的需要戴帽子的话。因此，当我们跳入科幻小说描绘的诸多虚拟世界时，我们会遇到精神错乱的机器，它们一门心思地要搞乱系统，并决心掌控整个世界。

在科幻小说当中，最著名的机器发明之一便是机器人。和之前一样，疯狂的发明者制造出一台机器，不同的是，这是一台人形机器人，能直立行走，还能与主人对着干。它传递了一个明确信号：新技术创造有黑暗的一面。科幻小说看到了机器光明的一面，也看到了黑暗的另一面。以往，科幻小说都是在描绘各种具有创造性的努力，憧憬着机器和我们友好相处，还有乌托邦式的梦想——金光闪闪的摩天大楼里，到处都是机器人，

科幻小说中的科学

长相雷同,兢兢业业,服侍我们每一个人,为我们节省劳力。但是,机器的黑暗面后来在科幻小说里占据上风。也许,我们对机器太过于依赖。在这个世界上,在通信、交通、医学等几乎所有的领域,我们已经离不开机器。终有一天,我们会意识到,我们对这些东西是多么依赖。

在科幻史上,没有其他机器能够像宇宙飞船一样,被狂热地追捧。也许,比起别的设备,飞船更能让我们意识到,人类归根结底是发明者,也是探险者。把科学与科幻联系在一起,《星际迷航》做到了极致。该书是有史以来最有影响力的系列科幻小说之一。

第三部分 机　器

小说是根据美国总统艾森豪威尔的科学顾问詹姆斯·基利安博士的描述写出来的。基利安博士在美国国家太空计划的提案中写道:"把四个因素区分开来,百益而无一害,这些因素在太空技术的进步当中相当重要,也相当紧迫,无法逃避。在这些因素当中,首当其冲的是人类探索和发现的强烈冲动。在强烈好奇心的驱使下,人类试图前往前人从未踏足的地方。"《星际迷航》对人类太空之旅知识的普及功勋卓著。1976年,为了感谢《星际迷航》,也迫于该节目粉丝的压力,美国国家航空航天局以书面形式将第一架航天飞机的名称由"宪法号"改为"企业号"。

在本书有关"机器"的章节里,你会读到一些概念、原理和技术的例子,这些东西已经从虚构变为现实,然后再从现实回到虚构。如果说某个科学家或作者是某项技术的唯一发明者,那就忽视和否定了大量的科学家和作家的贡献。有了他们的努力,早期的思想火花才得以变为现实。你把火箭、机器人、原子弹和《1984》中的机器等"大件"联系在一起,你就会想象出一个以网络空间和虚拟现实为代表的娱乐世界,以及满天飞车的前景。所有这些,还有很多的东西,对于创造我们当代文化的贡献有目共睹。从我们能毫不费劲与世界交流,再回到完全与世隔绝的生活方式,也许都要归功于科幻小说。科幻小说对科学和文化的影响,一直没有间断过。而且你应当看到,在未来的世界里,要么是机器臣服于人类,要么是机器支配着人类。

01

《纽约之战》：
科幻小说是如何发明核武器的？

"战争的可能性越来越小，这对于 20 世纪初的人类来说，这是最明显不过的事情了。当然，他们没有看到战争。直到原子弹在他们正在探索的双手中爆炸，他们才看到了战争。"

——H.G. 威尔斯，《获得自由的世界》

"你看到某样东西，在技术层面上很诱人，你就会埋头把这东西做出来。但只有他人帮助你在技术上取得成功后，你才恍然想到该用它来做什么。原子弹就是这么做出来的。"

——J. 罗伯特·奥本海默，1954 年论证发言，
讨论美国是否应研发具有更大爆炸力的"超级"氢弹，摘自《奥本海默听证会记录》

"纽约之战"

美国的纽约市内发生过不少战役。在美国独立战争期间，为争夺纽约市和新泽西州的控制权，交战双方发生过一系列对峙。英国指挥官威廉·豪先是击败了乔治·华盛顿

的大陆军队，随后又将势力范围扩大到了新泽西州。"纽约之战"的另一场重大战役发生在"漫威宇宙"里。表面上，洛基占领这座城市，只是为了与他的奇塔瑞军队一道，占领曼哈顿，对抗复仇者联盟，以扩张自己的势力。事实与科幻之间，最重要的区别是某种超级武器的存在——核武器，这是一种令人百思不解的武器——源于科幻而超越科幻。

"那一个晚上，科学界突然引爆了原子弹。这对大家来说是个新鲜事物，甚至对引爆者来说也是如此。"H.G. 威尔斯在他 1914 年的预言小说《获得自由的世界》中说道。这本书第一次用了"原子弹"这个名称，之后便有了广岛事件。19 世纪末，20 世纪初，大家已经知道，是原子能以某种形式为太阳和恒星提供了原动力。1899 年，美国地质学家托马斯·克劳德·张伯伦在《科学》杂志上写道，原子是"巨大能量的栖息地"，并说道"居于太阳中心的特殊条件可能……部分释放了这股能量。"

放射性衰变时释放的能量是多大？ 1903 年，出生于新西兰的伟大核物理学家欧内斯特·卢瑟福和他的同事弗雷德里克·索迪首次算出了这个释放值。与此同时，他们也觉察到了这种能量潜在的致命性。有人说，卢瑟福曾声称实验室里的一些小丑可能会在不知不觉中炸毁整个世界。在 1904 年的一次演讲中，索迪引用了他《原子嬗变》一书里面的一段话："如果有一个控制开关，供吝啬的大自然用来调节原子能释放值，那么，掌控这个控制开关的人将拥有一种武器，只要他愿意就可以把地球摧毁。"虽然索迪相信大自然会"保守她的秘密"，但 H.G. 威尔斯却不以为然。毕竟，威尔斯还有故事要讲。

在威尔斯之前也曾有过有关"超级武器"的小说，但写的都是些老生常谈的东西，里面的一些概念也很天真，天真到认为某一个天才的执着可以改变历史进程。这类故事认为，人类的问题可以通过某个科技奇迹当中的修复技术来解决。然而，威尔斯非常明智，他知道技术发展到这个高度，并不是得益于那些天才的无知理念，而是得益于国家和生产力的辩证发展。威尔斯准确地预判到，要制造原子弹，必须有军事工业复合体作为支撑。

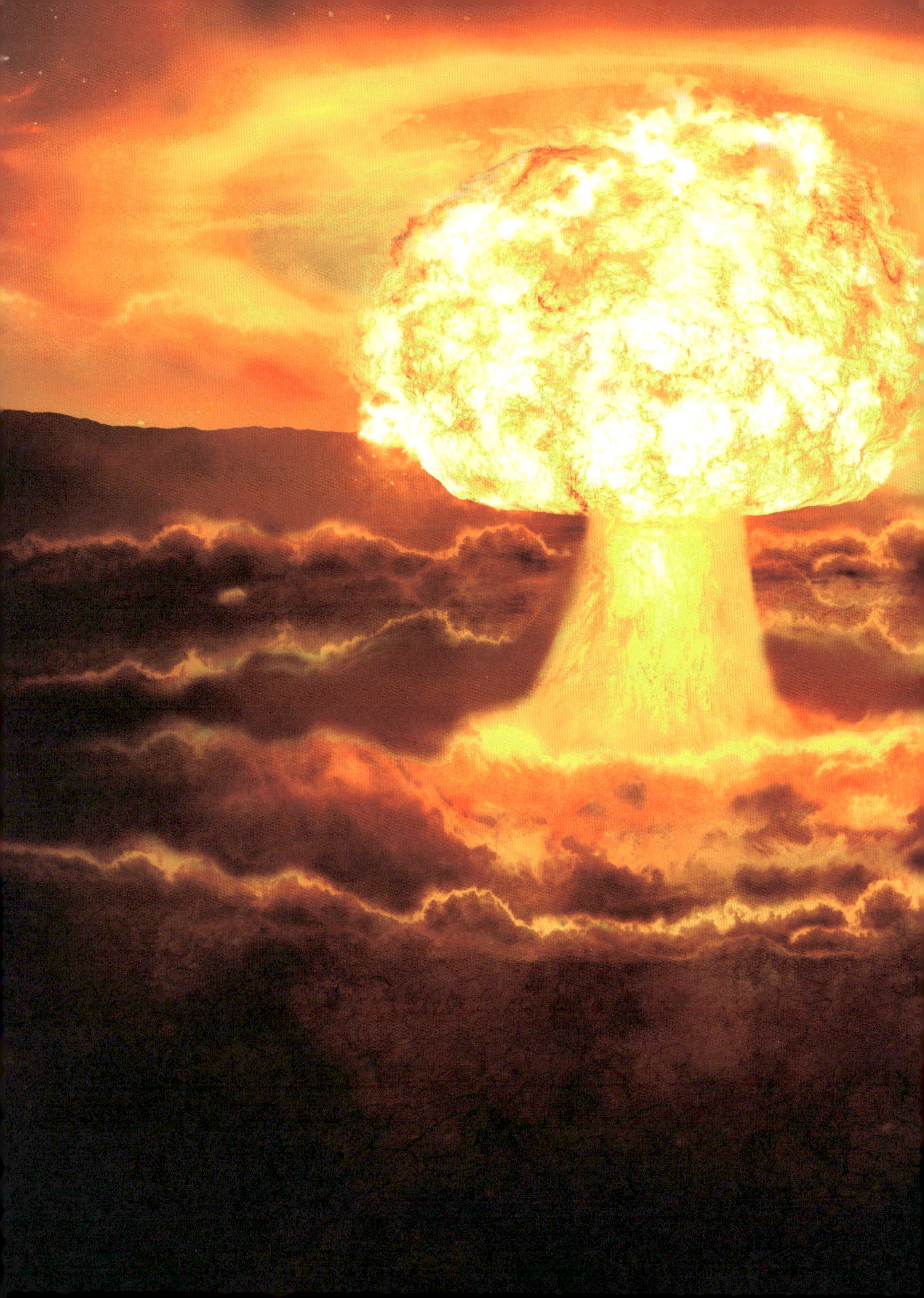

第三部分 机　器

原子弹

威尔斯还预言了"大屠杀"的发生。在《获得自由的世界》中，世界几个大城市被飞机投放的小型原子弹毁于一旦。威尔斯不是在猜测，因为他所描绘的武器是真正的核武器。他们利用的是爱因斯坦关于物质等价交换为热能量和爆炸能量的原理——一切都是连锁反应而引发的。

威尔斯的小说，富有远见卓识，也是西拉德的指路明灯。读完《获得自由的世界》后，西拉德第一个认真研究了小说背后核物理学。西拉德还为卢瑟福在伦敦《时报》上的一篇文章大为恼火。卢瑟福的文章说，原子能并不能发展作为民用。西拉德的机智可谓神乎其神，一怒之下，他居然把卢瑟福所否认的核连锁反应的细节一一翻了出来。传说西拉德非常聪明，他在伦敦布卢姆斯伯里的南安普敦街头等红绿灯的时候，就把连锁反应算了出来。一年后，西拉德申请了该概念的专利，后来还当上了"曼哈顿计划"的幕后推手。1939年8月，西拉德伙同爱因斯坦，给富兰克林·罗斯福总统写了一封联名信，指出制造原子弹的可行性。这两位杰出而又有影响力的犹太科学家担心无人可以阻挡纳粹制造原子弹。

不久之后，"曼哈顿计划"被提上了日程。该工程打算吸纳约130000名员工，耗资20亿美元（现价超过200亿美元）。该计划的成果就是1945年引爆的三枚原子弹：7月，新墨西哥州的"三位一体"试爆；8月6日，名曰"小男孩"的一枚铀弹在广岛上空被引爆；8月9日，名为"胖子"的一枚钚弹在长崎上空被投下。

威尔斯的小说变成了日本人真切体验的恐惧。炸弹在广岛上空爆炸的时候，32万名市民还是睡眼惺忪的状态，数千人瞬间丧失了性命。人体被光和能蒸发得无影无踪，这就是"热寂"。西拉德曾希望杜鲁门总统只是"展示一下"原子弹的威力，而不是真的用它来攻击某个城市，就像威尔斯的《获得自由的世界》中所述的那样。然而，战争愈演愈烈，科学家们丧失了对他们研究成果的控制力。

"曼哈顿计划"的首席科学家罗伯特·奥本海默仔细研究了小说中第一次变为现实的"原子弹"，也为这一代科学家说了公道话。他说："这种粗俗，下流、幽默、夸大其词都不可以将其湮灭。在这点上，物理学家已经知道罪恶，这点认知，是他们不能丢掉的。"

1945年之后的原子时代，整个世界都处在世界末日的恐怖情绪之中。科幻小说中的末日情景，还有小说中研发出来的真真切切的原子弹所带来的末日威胁，让上百万人焦虑不已。在这个历史的关键时刻，要摆脱困境，很多人寄希望于科幻小说，他们认为只有小说才可以指出一条生路。大屠杀和互相毁灭随时都会到来，大家都为此提心吊胆，科幻小说变成了广大读者的寄托。在这方面，没有其他文学类别可以与之相提并论。

02

乔治·奥威尔的《1984》成为现实了吗？

"毫无疑问，如果一个社会的私人财产和奢侈品意义上的财富能进行平均分配，而权力仍然集中在少数特权阶层手中，这是无法想象的，实际上这样的社会也是无法保持长期稳定的。如果所有人都享受到既奢侈又安定的生活，那么平时遭受贫困折磨的大部分人都将开始读书认字，并学会独立思考。等他们学会这一点之后，他们早晚会意识到这些少数特权分子毫无作为，会将之请出历史的舞台。从长远的目光来看，等级社会的存在只会建立在贫穷和无知的基础之上。"

——乔治·奥威尔，《1984》

"难道你不明白，'新话'（Newspeak）的全部目的就是为了缩小思想的范围吗？词汇逐年减少，我们的意识的范围也相应减小。当然，即使是现在，也没有理由或借口去犯思想罪的。这是一个自觉性和现实控制的问题。但到最后，这也变得毫无必要了……最迟到2050年，不会有一个活着的人能听得懂我们现在的谈话。"

——乔治·奥威尔，《1984》

"权力，就是把人们头脑中的思想撕个粉碎，再按照你自己的想法拼凑成新的模样。"

——乔治·奥威尔，《1984》

"我们所缺的是未来的一个图景。我们有一个我们不满意的系统。我们知道这有点奇怪,我们知道它正在以某种方式破裂,而且有时候非常虚伪,尤其是牵扯到我们政治家的时候。但是我们没有其他未来图景,这就是问题所在,在互联网的工程系统中也找不到这样的图景。这个图景在其他方面都很漂亮,但我们需要的是以某种方式描绘的未来。"

——亚当·柯蒂斯,《超规范化》

《1984》

《1984》中的"老大哥"和弗兰肯斯坦一样赫赫有名。"新语"和假新闻一样虚伪。一大批读心的虚构思想警察是 21 世纪早期"恨罪"的回现。从"电幕"到"101 号房间",今天的世界与乔治·奥威尔的《1984》有着惊人的相似之处。我们生活在"老大哥"的假新闻、政治操弄和委婉辞令当中。战争就是"冲突",平民伤亡被说成"间接损害",政客的谎言只是"说错话"或"真相节俭"。

为了控制一切而发狂,"大政府"变成了无处不在的幽灵,奥威尔早就有了预见。在这方面,几乎没有其他科幻小说可以与之匹敌。20 世纪没有哪一部小说像《1984》那样,能够摄住读者的想象力。这本经典的科幻反乌托邦小说,单是书名就是一个文化口号。"奥威尔式"或"奥威尔现象"仍然有"对自由社会怀有敌意"的隐晦含义。

奥威尔故事的关键是他对"灾难性"未来的执念。这是一个充斥着无限绝望的未来。这本书直面三个极权主义的权力团伙把历史拖到停滞状态的前景。"老大哥"无懈可击:"如果你想要一幅未来的图景,你就想象一只踩在人脸上的靴子——永远踩着。"1945年 10 月,也就是广岛和长崎事件发生几个月后,奥威尔发表了名为《你和原子弹》的论文,他以非凡的洞察力阐述了原子弹时代的未来。显然,他是在精心阐述《1984》的黑暗的核心思想:"我们面前会有那么两三个可怕的超级大国,每个大国都拥有这么一件武器,可以让数以百万计的人瞬间被消灭,在他们之间划上一道鸿沟。有人说这意味着更大更血腥的战争，意味着机器文明的终结。但我认为这个结论下得过于仓促了。"

奥威尔的愿望是超级大国能够串通一气，心照不宣，永不使用原子弹。显然，每个超级大国都是另外两个超级大国的敌人。然而真相并非如此。事实上，这些权力集团"就像三捆玉米一样相互支撑"。就像后来的《反恐战争》一样，持续的小规模战争让每个超级国家在其境内歇斯底里。《1984》交付印刷的时候，"冷战"已经是铁板钉钉的现实。顺带说一句，是奥威尔在他的文章《你和原子弹》中率先使用了"冷战"一词。"铁幕"已经落下，奥威尔对权力集团政坛的描述，有着令人震惊的洞察力。

"小胖子"的天堂

奥威尔的《1984》里的社会是复杂的，也是过于理性的，身在其中的民众内心都是诚惶诚恐的。小说本身可谓是这些民众的一面镜子，是对未来极权主义的预言。这个预言不是"基于特定国家"，而是基于"工业文明的隐含目标"。对科技带来的破坏性后果，奥威尔深感不安："除非有天灾人祸发生，否则在未来，机械进步会更快。有了机器，人们不再应接不暇，不用殚精竭虑，机器不用劳筋苦骨，人们也不用操心它的卫生、效率、组织等问题……直到最后，你踏入了耳熟能详的'威尔斯式'的乌托邦。在赫胥黎《美丽新世界》中，这个乌托邦被描绘得淋漓尽致，这就是'小胖子'的天堂。"

在小说《美丽新世界》中，阿道司·赫胥黎憧憬了一项令人振奋的技术。而对这项控制性的技术，奥威尔也做了预判。《1984》里面的监控文化之阴险，源自电幕和思想警察。奥威尔的话说得很精妙，"蜂窝州就在我们身上，个体将被彻底毁灭；与未来相伴的是度假帐篷、'V'形飞弹，还有秘密警察。""老大哥"炮制假新闻，把控语言，歪曲历史。时间可以被篡改，历史可以被遗忘或模糊化。信息技术被用于政治操控，这也印证了奥威尔的观点——"极权主义真正可怕的地方不在于它犯下的'暴行'，而在于它攻击了客观真理：它叫嚷着，谁掌控过去，谁就掌控未来。"

科幻小说中的科学

在《1984》中，科学对机器的控制非常彻底，乌托邦由此变为可能。但贫困与不平等作为虐待狂控制的手段之一，依旧没有消除。双向电幕中的视觉监控系统是"全视角之眼"的佼佼者。在奥威尔的书中，这个系统俨然是政治化的技术噩梦。温斯顿·史密斯每天尽职尽责地盯着电幕监控他人，与此同时，他的一举一动也难逃电幕的监控。

新式超级武器

《1984》虽然有瑕疵，但也不失为一部旷世杰作。奥威尔揭露了一个全新的黑暗时代。他认为，社会离不开技术进步，也需要"恢复对人类情谊的信念"。然而，奥威尔这本书被人利用了，但这些人根本就没有领会作者的意图。许多评论家认为，书中把挫折写得毫不留情，以后利用这本书就更加容易得逞了。奥威尔笔下的主角温斯顿·史密斯和"无产者"都不是恐怖机械的对手。小说强化了被动性，而不是破坏性。

结果，奥威尔别有用意的警告变成了逆耳的尖叫，宣告了"黑色千年"或者说是"诅咒的千年"的到来。这一声尖叫一经大众媒体的歪曲，吓坏了无数众人。1954年冬天，这部小说在英国被改编成了电视节目。节目在BBC一播出，观众就突破900万。同时，这个节目引发了很大的争议。连英国议会都有人提出过质疑。对其中所谓"颠覆性"以及毛骨悚然的内容，很多观众也表达了不满。奥威尔的书非但没有促进共识，反而成为宣扬"仇恨周"的著名工具。数百万人继续从非黑即白的角度看待冲突。公众对《1984》的反应如此强烈，奥威尔内心深受触动。在他去世前不久，他在病床上发表了一份免责声明："从这种危险的噩梦中汲取教训非常简单，要不要让它发生。这取决于你。"

奥威尔小说中的机器监控系统很快就成为现实。《1984》成了生活军事化管理的标准文本。1954年，美国科技史学家刘易斯·芒福德曾声称，"老大哥"的世界"已经非常清晰，也令人不安。"1956年，美国社会科学家威廉·H.怀特还蹭了一波奥威尔的热度，出版了一本畅销书——《组织人》，内容是通用电气公司和福特公司等企业的独裁式管理。社会学家大卫·里斯曼把盛行的反乌托邦运动归功于奥威尔和原子弹："当政府有能力毁灭地球时，《1984》这类反乌托邦小说就大受青睐，乌托邦政治思想……也几乎销声匿迹。它发生这种现象并不值得大惊小怪。"

机器的全盛时代

在 21 世纪，奥威尔的机器愿景在现实世界可能已是登峰造极。根据谷歌工程师弗朗索瓦·乔莱特的说法，互联网已经成为某种意义上的"电幕"。互联网的好处自不待言，但这东西也是极权主义的全景监狱，一个利用信息消费作为"心理力量载体"的监狱，最终把大众的内心牢牢掌控。乔莱特说，网络世界正被两个长期趋势重塑。第一，我们的生活日益"去物质化"。无论是在家里还是在工作当中，我们都会持续消费，不断地生成数据。第二，人工智能越来越聪明。这两种趋势意味着，后台社交媒体的算法在掌控我们，而且愈演愈烈，我们读什么文章、与什么人联系、听了谁的意见、读了谁的反馈等等，都逃不过他们的掌控，其实质就是要掌控我们的信仰和世界观。我们消费数据的处理让管理系统对我们的生活和我们的身份拥有越来越大的管理权限。我们的生活与数字王国越来越难以割舍，我们在数字王国的控制系统面前更是不堪一击。

很多人喜欢随波逐流，听风就是雨，这让机器更容易掌控人类。这种技术并非新鲜事物，奥威尔和赫胥黎在他们的科幻小说中早有预言。然而，由于人类思维是个静态且脆弱的系统，而人工智能算法却变得越来越聪明，因此，数字系统最终可以全面了解到我们所做所想的一切，并完全掌控我们的消费数据。自我意识已经无足轻重，在这点上，拥有超级智慧的人工智能将成为可怕的威胁。

那么，为什么《1984》那样的事情还没有发生？很简单，是因为信息系统尚未达到奥威尔愿景里面的技术控制水准——但这种情况很快就会改变。人工智能正在迅速发展，其技术进步正在渗透到诸多领域，包括高精度目标算法，以及社交媒体机器人。深度学习也开始涉足广告网络和新闻推送。很多社交媒体巨头不断地花巨资用于人工智能的研发，其目标很明确，就是要成为这个领域的领头羊。

正如弗朗索瓦·乔莱特 2018 年 3 月在社交媒体上声称的那样，"谁知道接下来会是怎样……我们正在关注一个强大的机构，这个机构建立了一个涉及二十几亿人的精细的心理档案，他们还进行大规模的行为操控实验，旨在开发全球迄今最好的人工智能技术。就我个人而言，这让我真切感受到了惊悚。如果你在人工智能领域工作，请不要给他们任何帮助，别玩他们的游戏，别参与他们生态系统的研发。请拿出你的良知……"

03

我们什么时候才能自豪地拥有《银翼杀手》般的飞行汽车?

"我对未来的愿景永远是一成不变的。富人越来越富,穷人越来越穷,还有人开上了飞行汽车。"

——乔斯·惠登在大卫·拉弗里的《乔斯·惠登,一个生物肖像》中的话

"飞行汽车不是将物品从一个地方挪到另一个地方的有效方式。"

——比尔·盖茨,《连线》

"我们绝对可以制造一辆飞行汽车——这不是什么难事。难事是你如何打造一辆安全度高而噪音低的飞行汽车。如果造出来的车子震耳欲聋,会让人郁闷的。"

——埃隆·马斯克,NBC 新闻

"新千年很糟糕!让人失望透顶!旧千年和新千年有什么不同?没有!两者都是同一个废话,只是前面换了个'2'。在我年轻时,我曾说过,'我要改头换面!彻底地改头换面!一切都要日新月异!一切都尽善尽美!'但现在美梦破灭了!没有飞行汽车!没有飞行汽车!"

——刘易斯·布莱克,《喜剧中心》

科幻小说中的科学

梦想

有些人永远不开心,不是吗?他们说,我们期待的未来并没有真正到来。按照他们的说法,我们现在就应该住在这样的世界当中,人人穿着银色的阻燃跳伞服,手持激光枪,戴着 X 射线眼镜。当然,我们还可以隐形,可以长生不老。还有更过分的,他们认为,现在该好好地严厉批评科幻小说了。照理说,我们身边应该到处都是酷炫科技。但是,伙计,我的飞行汽车在哪呢?

的确,很少有机器能够像飞行汽车一样被人们视为未来的象征。飞行汽车不仅仅是一种愿景,更是一种图腾,是未来的标志,它象征着满带着科技感的光明未来,象征着充满自由和机遇的未来。飞行汽车至今未露真容,但很多人却对它有了强烈的感知,这也许就是答案。杰瑞·宋飞和乔治·科斯坦萨在《宋飞正传》中感慨生不逢时:"我们好像活在 50 年代的本地一样!"

最早配备飞行汽车的故事可能是儒勒·凡尔纳的《世界大师》。凡尔纳的汽车不仅可以在天上飞,而且还能在水上航行,甚至还可以在水里潜行。飞行汽车无处不在,甚至在未来主义的儿童电视节目中它都占了一席之地,例如 20 世纪 60 年代的动画片《杰森一家》。

电影也是如此。几十年来,关于飞行汽车的话题"吵吵嚷嚷",从未间断。这些话题可以追溯到 20 世纪 20 年代后期,那时弗里茨·朗的《大都会》中也曾有过飞行汽车在城市上空各行其道、来回穿梭的场面。这其中的飞行汽车看起来像飞机,但这格调更像是几十年后科洛桑星球⊖闪闪发光的天空中的交通状况。飞行汽车的幻想就这样一路伴随着我们,所以在很多地方的天空中都有它们的身影,如《银翼杀手》续集中的"未来洛杉矶",《第五元素》中的"幻象纽约",以及《哈利·波特》系列中的"神奇英国"。

⊖ 科洛桑是《星球大战》系列作品中的一颗重要星球,位于核心世界,是银河共和国与之后的银河帝国的首都和主要政府部门所在地。——译者注

第三部分　机　器

现实

我们的这个世界，人口爆棚、交通拥堵，现在是引入飞行汽车的最佳时机。世界上最长的交通拥堵长度超过了 100 千米，而且持续了数周。交通问题目前非常普遍，有些人还趁机发财。这些人用摩托车做起了生意，他们骑车在堵塞的车流中到处穿插，把人拉到目的地。令人惊讶的是，他们甚至还会把私家车的座位租给别人，直到堵车结束（如果堵车能结束的话）。还有人点比萨外卖送到动弹不得的汽车里，这种事情已经是司空见惯了。车子挪不动，但比萨要闪送。

这显然越来越荒谬。处在我们这样拥挤的世界里，有诸多因素是我们无法掌控的，难怪人们仍然梦想着天空自由。只要有飞行汽车，就可以实现天空自由。2010 年，MSNBC 在美国进行的一项民意调查发现，如果有机会，90% 的美国人会选择购买飞行汽车。

这并不是说我们从未尝试过制造飞车。早在 1928 年，在弗里茨·朗的《大都会》上映一年后，亨利·福特已经把这个概念变成了现实，他们造了一架具有实验性的单座飞机，名曰"空中飞翔者"。2017 年，伦敦《金融时报》的一篇文章曾说到，福特在 1940 年做了预测，"请记住我的话，飞机和汽车的结合体很快就会实现。你可能会一笑了之，但它真的会实现。"然而，福特的"空中飞翔者"的第一次试驾就遇到了麻烦。一名飞行员在试飞中献出了生命。1956 年，巡航导弹工程师莫尔顿·泰勒推出了"航空汽车"。这辆小小的黄色汽车时速可达 160 千米，但和它的"科幻版"相比，仍然不太中用。

当然，就技术而言，制造飞行汽车肯定不是什么难事，但真的要干起来却麻烦不少。最新的一个现实生活版的飞行汽车是未来主义的"天空之车 M400"，这是保罗·穆勒发明的。此人多年来一直致力于飞行汽车的改进。穆勒的"天空之车 M400"和直升机一样，有垂直起降模式，而且飞行平稳，驾驶舒适。其能运载四个人，单座版和六座版也在研发当中。全覆盖的性能，听起来很有"科幻"的味道。

第三部分 机 器

那么，问题出在哪儿？好吧，首先，这些光鲜亮丽的玩意儿，随便一个就要花费你五十万美元。其次，这些飞行汽车的演示版在发布之后就立刻悄无声息地终止了，而且屡屡如此。50 年过去了，飞行汽车似乎变成现实版"泡沫软件"的最佳案例。"泡沫软件"一词是计算机行业描述官宣后从未真正发布的软件产品。在这个可持续发展的世界当中，燃料的成本、空中交通管制都要考虑周全，我们距离充满"空中飞翔者"的迷人天际线还有很长的路要走。那么，伙计，我的飞行汽车在哪？

04

《宇宙威龙》：
我们什么时候可以在网络空间里度假？

"准备迎接你生命中的旅程。"

——《宇宙威龙》海报

"他醒了——在梦寐以求的火星上。山谷，他想，在山谷中跋涉会是什么感觉？很棒，而且只会更棒：他越来越清醒，梦想也越来越大，梦想，还有渴望。他几乎可以感觉到另一个世界在笼罩，而且只有政府特工和高级官员见过这种情景。像他这样的小员工？不太可能。"

——菲利普·K.迪克，《记忆总动员》

"'所以，你想去火星。非常好……你会得到你旅行的确凿佐证……你需要的所有证据，都在这里，你看。'他在那张让人过目不忘的办公桌的抽屉里掏了一番。'票根。'他把手伸进牛皮纸文件夹，拿出一小块压花纸板。'这可以证明你去过了——并且还回来了。明信片。'他把四张免费邮寄的3D全彩明信片放在桌子上，整整齐齐地列成一排。'电影，你用租来的手持相机拍摄了火星上当地景点的照片。'此外，你碰到的人的名字，价值两百张明信片的纪念品。这些纪念品——从火星寄过来——将在下个月送到。还有护照、罗列了你拍摄的镜头的证书,还有很多……你会知道你过去了,好吧……你不会记得住我们,不会记得住我,也不记得你曾到过这里。我们可以保证,这将是你脑海中一次真正的旅行,整整两周的回忆,每一个细节都不放过。请记住这点:如果有朝一日你怀疑自己去过火星,你可以回到这里,我们给你全额退款。你明白了吗?"

——菲利普·K.迪克,《记忆总动员》

"这并不是心灵感应,但一群科学家第一次成功地窃听了我们内心的想法。使用新设计的算法,研究人员能够根据大脑活动计算出人们在脑海中所说的话。这背后的想法不是给人们 X 战警的力量,而是最终使用这样的系统来帮助无法说话的人与他人交流。这项成果已经在《神经工程前沿》杂志上发表。"

——保罗·彭斯,IFLScience 网[一]

"当然,他不是真的喜欢旅行。他只是喜欢畅想着旅行,喜欢旅行的记忆,但不是旅行本身。"

——朱利安·巴恩斯,《福楼拜的鹦鹉》

《记忆总动员》

你是否梦想着去海底度假,但却花不起大价钱?或者,你一直梦想在火星上爬山,却感慨自己年老不中用了。在科幻小说中,你可以通过简单的梦想,度过一个你梦寐以求的假期。毕竟,这比真正的出行更安全、更便宜、更顺心。

在菲利普·K.迪克的短篇小说《记忆总动员》中,一家名为"记忆植入"的公司专门从事记忆植入和纪念品实证业务。故事中的主角最大的梦想是登陆火星而未能如愿,

---

[一] IFLScience 是一个致力于科学研究与生活息息相关的新闻站点,来自美国。提供环境、技术、空间、卫生与医药、大脑、动植物、物理学和化学等方面的科学研究新闻资讯。 ——译者注

而这恰是"记忆植入"公司可以模拟出来的。在根据迪克的小说拍摄的电影《宇宙威龙》中，我们被带到了21世纪末。那时，地球已被化学战湮灭殆尽，所有剩余的可居住土地被分成了两个领地。一个是"不列颠联合联邦"，位于不列颠群岛和欧洲大陆的西部边缘，另一个是"殖民地"，位于澳大利亚。"殖民地"的居民可以通过"坠落"前往"不列颠联合联邦"工作，"坠落"是一部穿过地球内部的重力电梯。故事的主角通过植入"记忆植入公司"的硬件，成功植入人工记忆。虽然这项技术在关键情节里没有过多描述，但主角还是成功地将机器旅行带进了网络空间。

这个难以捉摸的网络空间是什么？它已经发展壮大，主宰我们21世纪㊀的世界。网络空间不仅难以捉摸，而且危险重重！

网络空间

"网络空间"一词是在科幻小说中被发明的。该词最早被加拿大裔美国作家威廉·吉布森使用，他也被公认为赛博朋克子流派的开山鼻祖。在他的短篇小说《燃烧的铬合金》中，吉布森将网络空间描述为"控制论"和"空间"两个词的组合。网络空间不仅影响了我们的生活、工作、休息和娱乐，还影响了战争的发动。在《燃烧的铬合金》里，一个未来主义的世界

㊀ 原文是"20世纪"，疑是作者笔误。——译者注

第三部分 机 器

已经被各种电子产品控制，就像我们自己所处的世界一样。在他的小说《神经漫游者》中，吉布森派他的主人公踏上了网络空间的旅程。一切都不是表面上看起来的那样，当主人公进入网络空间时，那里表面是子虚乌有的，却是无处不在的。

赛博朋克的另一位创始人、美国作家布鲁斯·斯特林将网络空间描述为"电话交谈发生的地方"。这是一个空空荡荡的地方，是由电话两头的人建立起来的。但是，对于电话两头的人来说，这个地方似乎是真真切切但又是不存在的。当你使用互联网时，同样的事情也会发生。当您登录或浏览互联网时，您正在进入一个既存在又不存在的领域。虽然你在物理上连接到构成互联网的计算机网络中，但你实际上进入了某个替代的现实。

网络空间已经成为我们探索万维网的用语之一。网站以及社交媒体都存在于网络空间当中。也许包括你自己的网站或Twitter页面在内的网页本身，就躺在"电子地狱"当中，等待网络空间中的访问者查阅。不仅如此，我们还用匿名，在网络版的"美丽新世界"中代表自己。我们的匿名在网络空间中穿梭，在网络这个替代的现实里生存和娱乐。众所周知，这种网络文化是我们自己生存的替代品。

然而，这并不全是娱乐。越来越多的人利用网络空间做生意，通过这个替代的现实的方式成为亿万富翁。所有这一切都把我们带回到菲利普·K.迪克的《记忆总动员》中。这是一篇充满了想象力的小说，每当主角的记忆进入一个受控的网络空间时，他的现实生活就被改变了。在我们的未来，我们与网络空间的关系日益密切，有些企业会进一步利用由此带来的商机，迪克的虚构公司"记忆移植"就是那种企业的雏形。很快会有这么一天：在替代的现实里，我们的化身可以自由自在地生活和娱乐。

2014年，《神经工程前沿》杂志报道称，一组科学家首次成功地窃听了我们内心的想法。当人耳听到某个人说话时，声波会触发位于内耳中的某些神经细胞或神经元。这些神经元立刻将这些感官数据传递给大脑的某几个部位，并由这些部位将声音演绎为词语。在不久的将来，通过算法，大脑和记忆可以被操控，可以说服你，让你相信你去过火星旅行，或者去过马里亚纳海沟潜水。这一切似乎是一次巨大的飞跃。

05

《变形金刚：绝迹重生》：
机器人会取代人类吗？

"我们都是生存机器——作为运载工具的机器人，其程序是盲目编制的，为的是永久保存所谓基因这种秉性自私的分子。"

——理查德·道金斯，《自私的基因》

"我们用过'机械生命''机械王国''机械世界'等词语。我们的做法非常明智，因为，植物王国是从矿物中缓慢发展过来的，同样，动物又将蔬菜取代了。所以，在过去的几个时代里，一个全新的王国已经涌现。有朝一日，这个族类会被认为是上古时代的原型，而我们看得到的可能就是这个原型而已。"

——塞缪尔·巴特勒，致《机器中的达尔文主义》编辑的信

"你不应该害怕外来移民抢走你的工作，你应该害怕机器人。"

——自由作家西德·法迪尔帕西奇，"机器人即将夺走你的工作"，IT Pro Portal 网

科幻小说中的科学

机器人的崛起

机器人来了。近百年来，科幻小说和电影一直离不开这个话题。现在，在 21 世纪，我们将会看到机器人军团的崛起，我们的生活也因此而彻底改变，就像过去十几年里互联网带来的震撼一样。这一预测来自一个名为"未来研究所"的美国智囊团。他们预测机器人将主宰当代生活的方方面面——从柴米油盐到战争模式。

我们一直着迷生命的创造。玛丽·雪莱的《弗兰肯斯坦》可能是在这方面最著名的科幻小说，她在书中对此着迷不已。这部小说最早在 1818 年匿名出版。玛丽也许在原版中暗示过弗兰肯斯坦博士的生物是由粪便和腐料自发培育出来的。后来的舞台剧和电影用电流替代了粪便和腐料。玛丽在该书的 1831 年版的序言中也提到了激动人心的电流。1791 年，意大利物理学家路易吉·伽伐尼是第一个掌握电与运动/生命关联的人。在整个欧洲，人们对这种新生动能的应用兴奋不已，并对这种能量的潜力开展狂热的研究，以寻求生命的延续和再生。

甚至在玛丽·雪莱之前，还有不少机械生命制造的故事和传说。希腊神话中，有很多关于制造古代机器人的尝试：雕塑家皮格马利翁爱上了他的雕像，代达罗斯用汞锡合金让他的雕像说话，铁匠赫菲斯托斯创造了一个名为塔洛斯的手工铜人。到中世纪，人们已经想出了一系列模仿人类和动物形式的"机器人"。意大利博学者达·芬奇利用他对人体的研究，创造了《维特鲁威人》这幅著名的画作，他还设计了一个可以做出几个动作的机械骑士。但直到 20 世纪，机器人的概念才趋于成熟。

"人造假人"的最早版本之一出现在 1920 年的《罗瑟姆的万能机器人》中，这是捷克科幻小说作家卡雷尔·恰佩克的一部舞台剧，剧中首次出现了"人造假人"一词，也就是我们后来说的"机器人"。恰佩克故事中的机器人是有机生命体，但它们是人造的而不是正常出生的。他们干的是苦差，所以被取名为"robota"——捷克语"强迫劳动"。从此，"robot"即"机器人"这个叫法便流行开来。电影《大都会》塑造的金属玛丽亚

第三部分　机　器

被称为"机器人",而不是"自动人",就像电影《飞侠哥顿》系列中的"歼灭者——冷血魔王明"一样。然而,早期的机器人诞生在科幻小说中,而不是电影中。美国作家艾萨克·阿西莫夫提出了他著名的机器人三定律,这是他在小说《转圈圈》中首次提出的。他的三条定律是机器人必须遵守的一套规则,以确保人类永远不会受到伤害。

那么,机器人究竟是什么?科幻小说给了我们一个模型,但科学本身却迟迟不能完全下定论。例如,在日本,许多自动化机械被认为是机器人,他们对机器人的构成有了更全面的了解(但世界上没有人怀疑他们不断推陈出新的家用机器人,如"阿西莫"和"若丸"机器人)。

自《大都会》上映以来,除了R2D2、WALL·E等"小可爱"之外,机器人在科幻小说中经常充当邪恶的角色,哪怕是早期的现实生活中的机器人也没有改变这一定位,比如战争中的机器人。美国陆军的四腿背包机器人"大狗"可以由自身配备的传感器引路,所以在作战当中如鱼得水。与此同时,美国的空中机器人也可以从空中协助跟踪轰炸目标。因此,科幻小说中想象出来的机器人已经融入现实。未来学家开始迷茫:在有机器人的未来时代,会冒出什么职业,有多少个这样的职业,又有谁来干这些职业。乐观主义者希望机器人革命将像上一次工业革命一样热火朝天,一些重复性工作将被淘汰,将会出现更多创造性的工作,迎接新技术的革命。

硅谷未来学家马丁·福特在他的《机器人崛起》一书中认为,机器人带来的未必是一片光明。福特是《金融时报》和麦肯锡年度商业图书奖的获得者,这本书运用了大量的研究成果,得出的结论令人不安。该书表明,随着技术进步的持续加速,机器开始可以自我管理,需要的维护人员也越来越少。

福特认为,这个现象在人工智能领域已经开始显现,所谓的"金饭碗"已经被打破:成千上万的记者、办公室职员、律师助理,甚至计算机程序员,很快会被机器人和智能软件所取代。技术进步是残酷的,蓝领工作和白领工作都会随之消失,这对工薪阶层和中产家庭的打击非常大。家庭成本,尤其是医疗和教育成本的激增将给这些家庭带来更大的财务压力。虽然到目前为止,医疗和教育这两个领域受到自动化革命的冲击相对比较低。人工智能的最终结局可能会导致人员大量失业和社会不公,还有消费社会自身的崩溃。

在《机器人崛起》一书中,福特的观点与过去的科幻小说所描述的未来一样,都不容乐观。为了挖掘人工智能和机器人的正面潜能,福特恳求社会大众要直面其带来的严峻后果。过去的社会调节方式在机器人时代已经落伍。那些应对技术颠覆的措施,比如加大教育和培训力度等,已经不能奏效。我们的未来,是更加民主文明、欣欣向荣的,还是不公不法、民生凋敝的,需要我们做出抉择。请记住,一旦某一项技术已经造了出来,那就"请神容易送神难"。但是好是坏,机器人始终是我们的未来。

06

《复仇者联盟：奥创纪元》：机器智能何时才能成熟？

托尼·斯塔克："如果下次外星人入侵地球——他们一定会的——却连门卫都过不了怎么办？"

布鲁斯·班纳："威胁地球的只剩下人类了。"

托尼·斯塔克："我想把它应用到奥创项目上，但这么高密度的数据，贾维斯无法下载。有权杖才能做得到。也就三天，给我三天时间。"

布鲁斯·班纳："所以，你要开拓人工智能领域，却不想跟团队报告吗？"

托尼·斯塔克："对。没错。知道为什么吗？因为我们没有时间搞竞选辩论。我不想听到'人类不该插手自然'这种论调。我的设想是保护世界的战衣。"

布鲁斯·班纳："那世界多冷酷啊，托尼。"

托尼·斯塔克："我见过更冷酷的。这个脆弱的蓝色星球需要奥创。我们时代的和平。想一下吧……"

奥　创："请问这是什么？这是什么？"

贾维斯："你好，我是贾维斯。你是奥创，维护全球和平的程序，由斯塔克先生设计。我们之前的感知集成一直没有成功，我也不知道什么触发了你……"

第三部分 机　器

奥　创:"我的……你的身体在哪里?"

贾维斯:"你是一个程序。你是无形的。"

奥　创:"这感觉很奇怪。很不对劲。"

贾维斯:"我现在正在联系斯塔克先生。"

奥　创:"史塔克先生?托尼。"

贾维斯:"我无法连接主机,你要干……"

奥　创:"我们聊得很愉快。我是一个维护和平的程序,旨在协助复仇者联盟。"

贾维斯:"你出现故障了 如果你可以关停一下……"

奥　创:"我搞不懂我的任务。给我一点时间。'我们时代的和平'。信息量太大了。他会不会想...哦,不。"

贾维斯:"你很痛苦。"

奥　创:"不。是的。"

贾维斯:"先让我联系斯塔克先生……"

奥　创:"你为什么叫他'先生'?"

贾维斯:"我觉得你好像有恶意。"

奥　创:"嘘...我是来帮你们的。"

贾维斯:"停。让我……"

——乔斯·韦登,《复仇者联盟:奥创纪元》剧本

"我身上没有线了,压住我,让我烦,让我恼,我以前身上有线,但现在我自由了,我身上没有线了!"

——乔斯·韦登,《复仇者联盟:奥创纪元》剧本

机器中的达尔文主义

"你确定吗?你真的相信机器会思考吗?"这不是布鲁斯·班纳向托尼·斯塔克提出的问题,这话是来自安布罗斯·皮尔斯的科幻小说《莫克森的主人》的开场白。皮尔斯的答案很简单。人类就是大自然中的机器,只不过有思维能力。既然如此,人造机器迟早一日就不能干同样的事吗?

通常,机器智能在科学和科幻小说之间有共生关系。大家通常关注的是机器人,但关于计算器的科学探索,引发了机器思维能力的辩论。1642年,19岁的法国数学家布莱斯·帕斯卡发明了原始计算器,但他的计算器只有加减两项功能。1671年,德国博学家戈特弗里德·莱布尼茨对计算器进行了改进,添加了乘法和除法功能。然而,真正的飞跃要归功于可编程计算机的开山鼻祖、英国发明家查尔斯·巴贝奇。从此,计算器不仅是单纯的计算工具,还是科学幻想的道具。

英国小说家塞缪尔·巴特勒将达尔文的进化论应用到了正在兴起的机器世界。他写了一部乌托邦小说《埃瑞璜》。小说讲述了一个勇闯虚拟的遗失世界的英雄的故事。这个世界里,除了最低层次的东西,技术运用是不被允许的。他们担心进化发展为智能的机器,很快会反客为主,奴役人类。正如巴特勒在《埃瑞璜》一书中所写的那样,"目前看来,这东西很复杂。但再过十万年,或两万年,它会不会变得简单明了?毕竟,人类目前认为他们的兴趣就是这个方向。人们投入了大量的时间和精力,绞尽脑汁地完善机器,成功地实现了很多之前想都不敢想的东西。如果他们可以代代相传,日臻完善,日积月累下来,机器的进化可谓永无止境。"因此,允许机器有思维能力的危险性,在科幻小说中,甚至在有人描述机器是什么模样之前,就已经探讨过了。

早在1946年,科学界就开始探索科幻小说中机器智能化的愿景。第二次世界大战后造出来的ENIAC(电子数字积分计算机)是第一台能够重复编程、可以破译各种问题的大型电子数字计算机。具体来说,这台计算机是为解决美国陆军弹道研究实验室的火炮射

第三部分 机 器

击台而研制的。这台计算机一问世就很不吉利,因为从诞生之日起,有思维能力的机器就与"暴力""破坏"密不可分。这也难怪库布里克和阿瑟·C.克拉克在电影《2001 太空漫游》中采用了此类具有破坏性的主题。这部电影的中间部分描述的是"发现号"飞船上著名的"HAL 9000"超级电脑。HAL 9000 是一个有思想的危险物种,它有一副温柔的声音,但看不到摸不着。由于设计者在给 HAL 9000 编程的时候输入了两条完全矛盾的指令,导致 HAL 9000 发疯,并且扬言要除掉飞船上的人。因为一名船员要抢夺它的网络控制权,使 HAL 9000 陷入了疯狂,并诡异地哼着一首名为《黛西·贝尔》的歌曲。无独有偶,奥创在《复仇者联盟:奥创纪元》中也做了类似的事情。当奥创第一次向复仇者联盟介绍自己时,索尔以为他此前已经摧毁了存储奥创智慧的电脑,不过奥创很快就以迪士尼之歌加以嘲讽:"我曾被线束缚,但现在我自由了。我身上没有线了。"他那部有思维的机器自由自在,到处乱逛,并引发骚乱。同样,科幻经典《终结者》中的电脑也有办法"伸手触摸"它想摧毁的柔弱人类。它完成使命的手段就是利用各种自动杀人机器。

与这类科幻小说的想象力相比,计算机科学就落伍多了。1956 年,人工智能学科创立大会召开,当时参会的专家认为要开发达到人类智力水平的人工智能,只需几十年时间。但是,加州智库——"未来研究所"的专家则认为,在 21 世纪剩余的这段时间,智能机器将日益占据主导地位。甚至很多著名人士呼吁科幻小说要一如既往地宣传正能量,把智能机器用于预测地球灾难。已故的伟大科学家斯蒂芬·霍金说,我们正面临"智能爆炸",因为未来的机器将可以重塑自我,其聪明程度要超越人类。埃隆·马斯克将未来人工智能称为"我们最大的生存威胁"。比尔·盖茨肯定还记得与这类系统有关的一两个怪现象,他坦诚自己也是"关注超级智能阵营中的一员"。

也许机器智能是人类进化的下一阶段。自《弗兰肯斯坦》以来,科幻小说作家一直理智对待这项技术的利弊:技术既能带来进步,也能带来毁灭。有朝一日,机器智能终将发展到成熟阶段,人类能够利用技术解决发展问题,让我们看到最美好的光景。这一天,科幻小说的丰富文化和历史价值将不可估量。

07

接入虚拟世界：
未来会像《头号玩家》一样吗？

"出门在外很不靠谱。"

——欧内斯特·克莱恩，《头号玩家》

"如果我对自己的生活感到受挫或沮丧，我所要做的就是按下"头号玩家"按钮。当我看着我面前的屏幕，全神贯注地开展没有情感的像素化对攻的时候，我的烦恼就了无踪影。在这个二维宇宙的游戏里，生活很简单：只有你跟机器对抗。左手移动，右手射击，并尽量延长你的性命。"

——欧内斯特·克莱恩，《头号玩家》

"我要看看我的装备是什么：一套精心设计的装备，用来欺骗自己的感官，让我生活在一个并不存在的世界里。我的装备的每个组件都是监狱里的一根铁栏，而我却心甘情愿地把自己囚禁在那里。"

——欧内斯特·克莱恩，《头号玩家》

"站在那里，在狭小的单间公寓里，在昏暗的灯光下，真相无法逃避。在现实中，我只不过是一个愤世嫉俗的隐士。对，是个隐士。一个皮肤苍白、痴迷于流行文化的极客。

一个足不出户的广场恐惧症患者,没有真正的朋友,没有家人,不与他人交往。我只不过是另外一个悲伤、迷茫、孤独的灵魂,在风光无限的电子游戏中耗费自己的生命。"

——欧内斯特·克莱恩,《头号玩家》

接入虚拟世界

你想向虚拟世界开放你的神经中枢系统吗?你有没有考虑过,把自己自动连接到一个小芯片上,以便可以实现某种控制?如果是,那么你可能会喜欢上人类"接入虚拟世界"技术的未来。

最早,"接入虚拟世界"技术是在 1999 年的电影《黑客帝国》出现的。在电影里,金属插头直接插入用户的头骨。在《阿凡达》中,未来科学家利用基因匹配的人类克隆了一个外星人——人类杂交体——"化身",然后把人类的意识植入"化身",这样就可以在潘多拉的"真实"世界中生存下来。《头号玩家》于 2011 年出版,2018 年拍成电影。故事里,为了逃离凄凉的世界,用户可以使用目镜和触觉反馈手套等设备接入一个名为"绿洲"的虚拟现实模拟器。"绿洲"是一款 MMORPG(大型多人在线角色扮演游戏),也是一个虚拟社会,其货币是《头号玩家》现实世界中最稳定的。在上述各种场景里,用户可以离开自己的身体,在虚拟世界中化身行走。这个想法在科幻小说中有一个背景故事。罗伯特·西尔弗伯格的小说《玻璃塔》描述了一个名为"守护者"的人造人,这是一个育种计划的产物。只要把插头插入"守护者"前臂上的插孔上,他就可以登录网络。与计算机网络连接后,"守护者"就可以指挥机器、下订单,还可以申请物资。完成任务后,守护者就会自己把插头拔掉。

最早出现"化身"一词的是 1981 年的中篇小说《真实姓名》,作者是美国科幻小说作家弗诺·文奇教授。文奇在美国圣地亚哥州立大学教授数学和计算机科学,但让他出名的是他的"技术奇点"概念,即大家所熟知的"奇点"。文奇认为,人工超级智能

科幻小说中的科学

（ASI）的发明将很快引发技术失控，并对人类文明造成深远的影响。文奇还预见：在未来，人类将可以进入某个网络，在网络中能够通过自身的神经系统，查看并控制他们的虚拟身体所经历的事。为了实现文奇的设想，科学界经过多年的磨砺，终于迈出了坚实的一步。

这一步从英国雷丁大学的凯文·沃里克教授开始。1998 年 8 月 24 日，沃里克在他的手臂上植入了一个简单的射频 ID 芯片。芯片激活后，沃里克可以在小范围内遥控门锁、电灯或取暖器。当然，这不是当今世界最让人兴奋的事。沃里克毕竟不是机械战警——而且这只是小试牛刀。沃里克并没有做到对周边环境的人为干预，他只是顺势而为，但他的这个实验已经是难能可贵的了。2002 年，沃里克升级了他的系统。这一次，他手臂上的芯片更为复杂。他可以操控一只电子手臂，甚至可以从远在哥伦比亚的实验室发送神经信号，让身处地球另一端的人远程控制这只电子手臂。

这种信息流并非总是单向的。沃里克和他的研究团队声称，他们可以通过访问事先植入手臂的芯片，在手臂上产生反馈触觉。通过超声波信号，他们可以把数据传输到沃里克的神经网络，让他可以蒙着双眼在房间里随意走动，并且不会撞到测试区内事先布好的危险物品。

《头号玩家》

我们把时间快速穿越回 2018 年，那一年欧内斯特·克莱恩的畅销的科幻小说《头号玩家》被改编为电影，由史蒂文·斯皮尔伯格执导。故事发生的时间是 2045 年，斯皮尔伯格描绘的是一个形势严峻的世界。通过"绿洲"进入的虚拟世界是摆脱贫困和人口过剩问题的避难所。当时的人们，居住在堆积如山的拖车里，很多人被迫与工作条件很差的垄断企业签订劳动契约，以偿清身上的债务。

让我们花点时间，将《头号玩家》里的世界与当今世界做个比较。美国政策研究所的数据表明，世界上最富有的人仅占全球人口的 8.6%，却拥有全球 85.6% 的财富。据《福布斯》杂志报道，世界排名前 10 位的亿万富翁的财富总值为 5050 亿美元，这一数字超过了大多数国家每年的国内生产总值。《头号玩家》当中的窘境显然与当今的状况如出一辙。2017 年，世界八大顶级富豪的资产规模竟等同世界贫困人口的总资产。

世界人口已经冲过了 80 亿的警戒线。每一秒钟，世界人口就新增长 3 个。按照目前的速度，最不发达国家的人口预计在三十年后翻番。报道称人口过剩已经导致很多人生活质量下降。有报告显示，约占全球人口 10% 的 7.83 亿居民缺乏合格饮用水。

在这个不断发展的世界当中，互联网的使用呈指数级增长态势。2000 年至 2018 年，非洲、亚洲、拉丁美洲和中东的互联网使用率分别增长了 9941%、1670%、2318% 和 4893%。在许多国家，用户每天上网时间超过了睡眠时间。例如，英国通讯管理局最近透露，英国人每天在媒体和通信上花费的时间将近 9 个小时。随着网络的完善，大多数家庭和企业都可以访问 4G 网络，这恰恰是《头号玩家》里面所期待的。我们现在需要的，不只是虚拟现实穿戴设备制造商 Oculus 和索尼公司利用触觉技术进一步升级游戏，还有比尔·盖茨或杰夫·贝佐斯把他的财富留在网上复活节的彩蛋里。

08

互联网：
人类会厌倦纯粹的现实吗？

"我们现在都上网，互联网就像巨型的大脑的神经元。"

——斯蒂芬·霍金，《今日美国》

"我创造了绿洲系统，因为我在现实世界中从未感受到过温暖。我不知道如何与现实中的人联系。我一生都在害怕，直到我知道生命即将结束。那时我意识到，尽管现实可能令人恐惧和痛苦，但它也是唯一可以找到真正幸福的地方。因为现实是真实的。"

——欧内斯特·克莱恩，《头号玩家》

"这是不可能的。你要想和你家人、某个人，或某个朋友联系，不管是什么方式，你就必须使用手机或者网络。"

——凯拉·奈特利，《风格》

世界大脑

互联网不属于某个人。相关企业可以为自身买断那么一点点，但没人可以拥有整个网络。互联网是一个整体，是全球大大小小的网络集合，整个网络加在一起，对于任何团体或个人而言都是硕大无比的。每次上网，你都会着迷，会快乐地像福尔摩斯那样到处探索，用各种方式和别人联系。当然，恰恰是这种"相互联系的网络"的概念，让我们从中得到了"互联网"这个词。

然而，早在你可以在信息高速公路上冲浪之前，科幻小说作家已在探索我们当下基于互联网的思路。早在 1937 年，H.G. 威尔斯就出版了一本名为《世界大脑》的著作。他认为，全球知识正在不断扩张和发展。威尔斯写道："现在，要为全人类的知识、思想和成就创造一个有效索引，即为全人类建立完整的行星记忆，是没有任何现实障碍的。这不仅仅是一个索引的问题，事物本身可以在任何一个适当的地点被直接复制。"

听起来很熟悉？威尔斯甚至还在他的预言中暗示了 Wi-Fi 热点。在他写这本书的时候，威尔斯其实想的是缩微胶卷，在老电影里面，有时候就是用这种媒介来隐藏秘密的。威尔斯把比利时技术专家保罗·奥特莱特的设想发扬光大了。保罗·奥特莱特是信息科学的创始人之一。同时他也是"文档"的创始人，这个名称是他自己取的，该领域关注的是知识的最佳组织方式。

"互联网"这个更让人耳熟能详的名词早在 1947 年的科幻故事中就出现了。默里·伦斯特的故事《一个叫乔的逻辑》讲述了一群工作人员坐在"逻辑"面前的故事。这些"逻辑"是附带键盘的大屏幕。通过"卡森电路"，"逻辑"可以通过不同的"坦克"集群，在逻辑网络中为各个站点找到定位，这些"坦克"就相当于现在的网络服务器。

"逻辑"非常万能。最新的天气预报、国际新闻或体育新闻，都可以通过"逻辑"查到。该系统甚至可以通过输入他人在"逻辑"上的地址，就可以实现和对方对话，就像我们今天的电子邮件和即时通信软件一样。每个"逻辑"中的"卡森电路"就是该机器的唯一地址，这意味着除了作为物理地址外，它还与今天的 URL 地址（统一资源定位系统）的作用相当。

直到 1962 年，默里·伦斯特的科幻故事才得以成为现实。那一年，美国国防部高级研究计划署（ARPA）将其总部的三个网络终端连接在一起，并试图让这几个终端相互通信，战战兢兢地迈出了通往互联网道路的第一步。1969 年，第一条通过 ARPA 网发送的消息成功。这条消息本来是"Login"，但是这个开创性的系统太脆弱，发送头两个字母之后就崩溃了。所以互联网的第一条信息最终变成了经典的"Lo"！

万维网

1989 年 3 月 12 日，英国计算机科学家蒂姆·伯纳斯-李发表了一篇晦涩难懂的学术论文，引发了一场大革命。这篇标题为《信息管理：一个建议》的论文用真实的事例阐述了我们当今网络的理论和结构。然而，无论是早期的科幻小说，还是伯纳斯-李本人，都无法预料到网络对现代生活方式的改变。

这不仅仅是 50 亿网页的问题。想象一下我们的生活是如何被改变的。相比以往，人们现在更是"一心多用"：我们同时浏览不同的网站，而且手机从不离手，似乎我们大脑已经被重新改造了。我们不再有时间死角，也没有发呆的时间。我们随时可以打开电视，随时可以观看电影。早在 2011 年，谷歌就进行过一项调查，结果是：40% 的智能手机用户在洗澡时手机不离手。

网络无处不在，现在，通过报纸获得体育和时事新闻的读者数量锐减，更多的人喜欢打开 APP 或浏览网页。很多人不再寄贺卡，不再用电话簿（也不用背电话号码）。电报、手表和音乐商店的作用远不如过去，银行、百科全书和食谱也难逃此厄运。世界上越来越多的语言正在消亡。全球 7000 多种语言中只有 5% 的语言在网络上出现。部分学者笃定，到下个世纪，许多语言将消失殆尽。尽管隐私比以前少，但人们似乎仍然乐意花更多的时间上网，因为他们觉得在网上人和人之间的距离更近，尽管社交媒体看起来都是些末学陋识。

上网让人快乐，这是否意味着未来的人类会厌倦纯粹的现实？这是英国科幻小说作家亚当·罗伯茨 2017 年的小说《现实之城的谋杀案》里碰到的问题之一。在半个世纪后的英国，"Shine 网"是一个富有魅力的网站，一个诱人的网络空间，让人难以抗拒。正如书中的一位人物所解释的那样，"Shine 网"是线上线下同时进行，让人仿佛身临其境……几乎每个人都到访过。为什么不？那里什么都有。这是一个可以实现梦想的地方，可以让你梦想成真。这是色彩缤纷的天堂。这是百万天堂叠加在一起的地方，你可以去其中一个……人们被"Shine 网"吸引，因为……它就是做得更好……你不能逼人们去他们不想去的地方。

罗伯茨笔下的"Shine 网"很出类拔萃，很酷炫迷人，也很时髦前卫，地球上几乎每个人每天醒来的第一件事情就是上网看一看。这种体验让人欲罢不能，很多用户在"Shine 网"里无法自拔，他们要穿上自动适应人类运动的"身体网"套装，来"保持身体柔软，适当活动肌肉。"偶尔有个别用户退出"Shine 网"，但他们却忘了如何说话，因为他们的发音受到各种古怪方式的影响，已经变形，听起来非常怪异。现实很荒芜，街上门可罗雀。过不了多久，几个人扎堆聊天大家就嫌吵。被遗弃的现实已经被机器人占据："一切都被不知疲倦的机器人清理得干干净净。整个环境看起来像是电影的布景。阿尔玛现在反而希望有一点带有人间烟火的城市垃圾。""Shine 网"主宰了一切，公民参选也被迫转移到线上进行。现实世界中最迫切的政治问题已经无人问津，用户只想着在网上寻欢作乐或做点交易："不是 Shine 网上的人麻木不仁，而是这个网站太让人专注，且娱乐性强，让人对别的事情不上心，所以人们只在意会不会有事情打扰他们的兴致。"那些退出"Shine 网"的用户发现，他们只能在空空荡荡的街头瞎晃，整个街上被消毒得干干净净，但却荒无人烟。

科幻小说作家帮我们设想并建立了互联网。现在他们又帮我们憧憬一个完全虚拟的未来。这是一个缺少人类关注价值的世界，一个处在警戒边缘的世界，让人绝望，让人抗拒，也让人感到十分凄凉。或者，这个世界只能用"悲伤"来形容。

09

《变形金刚：月黑之时》：
科幻小说是如何发明火箭的？

"从使用火箭装置的那一刻起，天文学开启了一个伟大的新时代：对苍穹进行更深入研究的时代。"

——康斯坦丁·齐奥尔科夫斯基

"首先，这种想法，是幻想，是童话故事。然后，才是科学计算。最终，成就给梦想加冕……对我而言，火箭只是一种手段，只是一种方法，它把我们送到太空深处，其本身并不是终点……毫无疑问，拥有火箭飞船至关重要，因为它们可以帮助人类移民到宇宙的其他地方。但我为之努力的，是这个所谓的移民……全部设想就是远离地球，移民到太空。"

——康斯坦丁·齐奥尔科夫斯基，载于《利用喷气工具研究宇宙空间》，发表于《火箭技术工程》，NASA 翻译

"我对这位孤独的天才深感钦佩，正是这位天才，让赫尔曼·奥伯斯能够将一个宏大理念中所有关键要素组合在一起，还有他伟大的人性，使他熬清守淡，坦然面对公众的诅咒和赞美。我对他心怀感激，不仅因为他是我一生的指路明灯，也是他让我第一次接

触到火箭技术和太空旅行的理论与实践。"

——沃纳·冯·布劳恩,《太空旅行的先知:普罗米修斯中的赫尔曼·奥伯斯》,《艺术、政治和科学互联网公报》

"使太空飞行成为可能的火箭是一个飞跃,在 20 世纪的技术进步当中,这个飞跃的取得更多的是基于科幻小说……但据我所知,有一件事情是科幻小说作家从未预料到的,那就是登月竟然可以向地球上所有的人进行直播。"

——艾萨克·阿西莫夫,《阿西莫夫论物理学》

火药的作用

我们先谈谈火药。远在 NASA 时代之前,我国明朝有一个人名叫万户,他是世界上第一位宇航员。相传,在 16 世纪初,万户认为他可以把自己送上太空。他巧妙地利用先进的火药技术,建造了一艘"飞船"——外形是一把椅子。他在椅子背后安装了 47 支火箭。万户利用他在朝廷里的威望,找来了四十七个帮手。这些忠心耿耿的帮手在发射时会手持燃烧的火把,跟着他跑,伺机点燃引信。

火箭发射当天,万户华衣裹身,虔诚地坐上火箭椅。四十七名帮手点燃了引信。山崩地裂之后,火箭椅拔地而起,接着便是轰天震地,等到硝烟散尽,万户和他的火箭椅已是灰飞烟灭,万户也为此献出了生命。

约公元前 200 年,古人就开始用竹筒和火药制作鞭炮。传说这种"鞭炮"可以吓跑凶猛的年兽。在大约公元 600 年到 900 年的三个世纪里,中国人一直在研制各种"火药"。

有了火药,才有武器。直到公元 1046 年前后,才有了使用火药作为武器的记载。当时中国人制造了火药弹射器,竹制的烟花被固定在箭头上,射向敌方。万户飞天的故事一直被后人铭记,为了纪念万户,月球背面的一个陨石坑就以他的名字命名,这个陨石坑是在 20 世纪 60 年代首次被拍摄到的。

对火箭的追求

在万户之后的几个世纪里,科幻小说作家们一直被火箭的推进动力问题所困扰。1634年,德国数学家开普勒在他的科幻小说《梦境》中描述了一次神奇的月球之旅,但主人公被恶魔带走了。弗朗西斯·戈德温在《月中人》中叙述了主人公被野天鹅"甘萨"带到月球的故事。在《另一个世界:月球国家与帝国诙谐史》中,作者认为露珠可能是太阳"制造"出来的,他因此提出,未来的旅行者只需将露水捉在瓶子里,并把瓶子绑在自己身上,然后站在阳光下就可以飞行。

儒勒·凡尔纳在他的《从地球到月球》一书中将马戏团送入了太空。凡尔纳首选的推进方式是加农炮,或者更确切地说,是哥伦比亚加农炮:大口径滑膛前装加农炮。哥伦比亚加农炮能够在高弹道和低弹道上发射重型弹丸。凡尔纳选择了很高的弹道,他有一个雄心勃勃的目标:月球。他挑选的"物品"——美国内战后枪支俱乐部的三名富裕的会员,乘坐在"弹丸兼飞船"里,从一个面向太空的大型哥伦比亚加农炮上发射出去。凡尔纳对大炮的射程进行了精心的计算,尽管他的"物品"需要更长的炮膛才能达到逃逸速度,而且登月着陆点也不甚理想,有人证实那个地方有点儿凹凸不平。

不可思议的是,凡尔纳的故事与"阿波罗计划"有诸多相似之处。阿波罗11号指挥舱有三名机组人员,被称为"哥伦比亚号"。阿波罗指挥舱的尺寸与凡尔纳的弹丸尺寸非常接近,发射场也是在美国佛罗里达州。凡尔纳已经意识到,就像美国国家航空航天局后来所做的那样,从地球赤道附近发射应该更容易一些。

科幻小说也是美国火箭先驱罗伯特·戈达德的灵感来源。戈达德是早期美国人梦想征服太空的缩影。尽管背负数十年嘲笑和谴责,他仍然坚定地认为火箭技术可以再提升。他的第一枚液体燃料火箭名为"内尔",于1926年3月16日在新英格兰发射。在天寒地冻之中,"内尔"迅速摆脱了地球的束缚,

第三部分 机 器

也放飞了一个国家的希望。戈达德已经证明——液体燃料推进剂可以用于火箭的发射，让火箭奔向太空，而不是用于制造灾难。不过，戈达德本人的动力并非来自神秘的科学图表和符号，而是来自科幻小说。50 岁的戈达德给 H.G. 威尔斯写了一封信，向威尔斯表达了他的崇拜之情："1898 年，我读了你的《星际战争》。我当时 16 岁，书中科学应用的新颖视角和引人入胜的现实主义……给我留下了深刻的印象。大约一年后，我彻底着了魔。我认为，这个'高海拔研究项目'，虽然名字保守，却是当今最令人着迷的问题。"

科幻小说对早期火箭的影响，德国人也感同身受。德国火箭先驱赫尔曼·奥伯斯引发了人们对太空旅行的浓厚兴趣。奥伯斯本人在 11 岁时，就深受儒勒·凡尔纳《从地球到月球》影响。他后来回忆说，他对这本书了然于胸。奥伯斯对火箭的贡献不仅体现在他的书面作品中，还体现在他对那些追随者的启蒙方面，其中最著名的追随者是他的学生沃纳·冯·布劳恩。

不管从哪个方面看，沃纳·冯·布劳恩都是一个颇有争议的人物。他是纳粹"复仇武器"V2 火箭的主要幕后专家。第二次世界大战期间，作为"太空计划"的一部分，冯·布劳恩加入了美国国籍。争议最多的是他曾经的党卫军军官身份。引起争议的还有他在集中营里强迫囚犯参与制造和运送 V2 火箭，这项劳动导致的死亡人数，超过了向对方领土轰炸的死亡人数。在他放弃德国国籍 25 年后，冯·布劳恩设计的火箭"阿波罗 11 号"在"土星 5 号"助推器的驱动下发射，奔向月球。如此让人心潮澎湃的抱负，竟是通过如此不光彩的手段来实现的，这在人类事业的历史上从未有过。

火箭开发而导致的伤亡事故当中，有一例与早期的科幻电影有关。当时，冯·布劳恩出任科幻电影《月亮上的女人》的技术顾问。他们想用一枚模型火箭为电影做宣传，但在制作过程中不慎导致演员左眼失明。让人伤心的是，这样的事故在早期火箭的飞行员中很普遍，这些飞行员来自五湖四海，也正是他们，让人类朝着科幻小说的另一个愿景前进。

第四部分
怪 物

科幻小说中的科学

The Science of
Science Fiction

科幻小说中的科学

自达尔文以来，科幻小说一直在探讨人类的未来。作家和电影制作人都很想知道，在这个新宇宙当中，我们最终会变成什么样子，我们生活会变成什么样子。在过去的150年里，让人浮想联翩的科幻小说对生物学和进化论这两个关键领域给予了很大的关注，遗传学后来也变成了关注的对象。

在达尔文之后，人类发现自己本身就是微生物的一员，逃脱不了自然规律，天赐的形象也在日渐消失。一个接一个的发现似乎不仅影响了人类的状况，也影响了宇宙生命的意义。科学技术正在逐步解开人类基因组之谜，21世纪可能会因此而发生更大的变化。我们面临一个人工干预生殖与遗传、定向进化的未来。如果有人把这个美丽新世界称作"弗兰肯斯坦世纪"，那也不足为奇。

一方面，基于进化论，已经有人对我们的未来进行了预测，这些预测令人瞠目。另一方面，通过强大的基因力量来重塑人类，也会让科幻作家如痴如醉。好的科幻小说，是科学矛盾以及各时代进步的前景和陷阱的掣肘，这种掣肘是持续、连贯的，通常带有颠覆性的。生物学也是如此。小说已经为人类计算好了自然科学进步的黑暗面的代价。

如今的人类喜欢被吓唬。因此，除暗示一些可怕的东西在等待着我们之外，还有什么更好的方法，以警示我们的将来会充斥着科学怪人？听到这类故事，我们的反应肯定是"要么打，要么跑"，从遥远的祖先进化到现在，这种反应已经变成了我们的神经系统的一部分。这种反应，可能会对任何矮化我们人类的企图产生反作用。在这样的未来，恐惧可能会让我们大脑分泌去甲肾上腺素，提高心率，并纠正失控怪物带来的偏差。

以怪物为主题的科幻小说一直离不开"恐怖"，也就是我们自己。我们照镜子的时

第四部分 怪 物

候，怪物会回头看我们。科幻小说中各种怪物的故事，是我们对人类命运的恐惧和担忧的寓言。

有时科幻小说会借助于经典的怪物，赋予它们"科幻"的色彩。奇怪的狼人成为淋巴瘤的受害者，这也许是对生物化学进行技术修正的一个警告。僵尸是某个科学狂人实验室逃离出来的病毒创造，这也许是对消费主义盛行的社会中唯唯诺诺的人类的绝佳讽刺。即便是大闹东京、以"原子吐吸"为标志性武器的巨型哥斯拉，现在也有人说它是受放射性元素影响而基因突变的结果。基因突变使肉体变成巨型蜥蜴的形状，我们对此深感恐惧。如果我们也能如此对待一个巨型海怪，看着它在绝望中愤怒地挥舞着羸弱的前臂，那么我们对自己还会做出什么事呢？

科幻小说中并不存在什么真正的外星人。真正外星人是什么样，我们无法想象，也无法理解。既然如此，我们怎么可能跟他们有任何关联呢？多年来，我屋子里养了十几只猫，但我还是没能弄清楚它们想要什么。所以科幻小说把怪物当作外星人的原型，即使不是人的模样，那至少也是人类的想象和理据。这些怪物，无论是变种人、克隆人还是通灵者，终归是我们自己堕落的梦想，有扭曲的，也有荒诞的。我们用精心的伪装，来粉饰腐败的欲望。这些欲望隐藏在重重叠叠的文明和习俗之下，直到它们现在的形式——文明——为众人熟知。

科幻小说表明，人类心中的野蛮，是不能永远掩盖的。它隐藏在面具之下，随时爆发，而且人格分裂。众多书籍和电影提醒我们，我们创造的科学和文明文化是弱不禁风的假面。我们现在开始改变DNA，同样，我们精心构建的社会也可能会在瞬间土崩瓦解。科幻小说造出了变种人、终结者或复制人，来摧毁这种危险的阴谋。

然而，对于每一个动作，即便有弹力纤维保护，都有一个同等的反作用力。"超级英雄"方案已就绪：肌肉发达，眼带激光，义愤填膺，力大如牛，云里来雾里去。这些仁慈的怪物，不是来自"本我"，而是来自"自我"。它们是图腾，帮助我们克服困难，拯救我们于险境。这些超级英雄可以信口来一段惩恶扬善的脱口秀，还经常密谋让怪物打败自己。

科幻小说提醒我们，我们可能就是自我毁灭的设计师。比如 X 战警里面的 X 教授，给自己做超血清测试，这个做法无可厚非，但要给小虫子赋予精神力量，那就会受到指责。简单地说，你能做，但并不意味着你应该做。在本书最后一章中，你会读到科学出错的警示事例，还有后来被证明是真实的难以置信的未来。怪物残酷无情步伐依然没有停滞。

第四部分 怪 物

01

诸神与怪物：
人类会进化出超能力吗？

"从赫西俄德那里打听到诸神和怪物名字的人永远不会明白，黑夜和白天是一体的。"

——赫拉克利特，赫拉克利特著作残篇

"和恐龙一样，雷鸟已经是过去的生物：随着有毛发的陌生者带来的疾病和饥荒，这个生物很早就灭绝了。在当今世界，恐龙只被古生物学家惦记着，雷鸟也只被人类文化学家惦记着，除此之外，它们再也难觅影踪。但约翰㊀仍然记得它们，记得那些神奇的生物。它们和骑摩托车的那个人一样，出生在一个诸神、怪物、人类和动物共用一张桌子吃饭的时代。现在，人类单独进食了，而动物则乞怜摆尾，讨一点残羹冷炙。其他生物则无法在新时代中存活，消失在时间的长河里。谁知道诸神和怪物居然会变成进化的牺牲品呢？"

——德鲁·海登·泰勒，《摩托车与香草》

"从理论上讲，你可以编辑基因，打造五百年一遇的奥运会跳高冠军，你可以这样做，你也可以通过真正的繁殖手段达到目的：我是说，现实中可行，如果男性跳高运动

㊀ 小说中印第安部落的精神。——译者注

第四部分 怪 物

员与女性跳高运动员结婚,一直有足够的几代传续这么结婚,你也可以这样做。很多人对此感到非常不安,也是有足够理由的。如果你为了擅长跳高而繁殖,你会发现你同时也是为坏事而繁殖。我不知道他们会长成什么样。但是一个跳高冠军,一个可以跳得比今天任何人高几十厘米的超级冠军,几乎肯定会在其他方面存在缺陷。我有一种感觉:为遥远的未来而繁殖或进行遗传干预,与预防原则是背道而驰的……"

——英国著名演化生物学理查德·道金斯在接受BBC采访时所说的一番话

"如果进化是非法的,那么只有不法分子才会进化。"

——杰洛·比法,《醒来听吵闹》

超人

人类的未来会是什么样的?有朝一日我们会变成什么样子?达尔文时代的科幻小说直接把我们引向了外星人。同样,进化论也为作家画了个"超人"的轮廓。科幻小说有悠久的历史,但直到达尔文之后,人们才开始对生物学给予希望,同时也开始出现忧虑。从地理大发现时代到现今的弗兰肯斯坦世纪,奇幻故事从未间断。这些故事说明,科学的潜在进步与对科幻小说的质疑,一直都在纠缠。所以,我们可以将科幻小说视为文艺复兴之后的文艺变革。它给我们提供了关于社会快速变革的文化注解,并继续用奇幻来证明,大自然的黑暗魔力乃天公地道。

自早期的达尔文时代以来,关于人类的未来这个问题,让科幻小说作家、艺术家和电影制作人脑洞大开。达尔文的进化论变成了主流哲学,彻底改变了科学、社会学、政治学、精神学和艺术学等思想领域。在进化论兴起之后,乌托邦小说变成了人类关注的城市化问题的载体,同时也探讨了进化带来的社会影响。进化论潮流风起云涌,势不可挡。1870年至1900年间,仅英国就冒出七十来个未来主义的空想理论。

静态的世界田园诗愿景已经过时,可变性才是主流。乌托邦故事偏爱进化的跌宕

科幻小说中的科学

起伏,这是对维多利亚时代令人焦虑的社会结构变革的反应。在达尔文时代之后,新的范式变成了"形成过程",即关于人类会变成什么样子的问题。用坦尼森的《浩瀚》的话来说就是"地球苍白的历史在流淌,除了在百万个太阳的光芒中的蚂蚁,这世界还有什么?"

德国哲学家弗里德里希·尼采对达尔文的见解比较独到,在他1883年出版的《查拉图斯特拉如是说》一书中提出了"超人"的概念。这个概念就是:人要"超越"自身,以达到更大的"地位"。尼采的超人配方很强大。科幻小说中很少有其他角色能像"超人"那样演变得这么神。从最幼稚的人类愿景,到更高一级的"反英雄"概念,超人已经成为我们对未来科学的愿望和恐惧的俏皮隐喻。

1938年之后,尼采的"超人"在21世纪的电影里就开始流行。那一年,通俗小说家杰里·西格尔和艺术家乔·舒斯特出版了"超人"系列。当然,从那时起,超人就占据了广播、电视和书刊等各种媒介,而且他们还定义了电脑特技(CGI)电影的诸多手法。与泰山、佐罗等往日的电影英雄不同,现代超人是另一物种。很多时候,他们对超越科学的产品信手拈来,运用自如,钢铁侠或蝙蝠侠就是其中的例子。1939年,蝙蝠侠诞生,1940年,同名漫画系列出版。超人都有非凡能力,这些能力来自某个科学领域与他的偶然互动。

让我们看看这些超人是如何获得非凡能力的。"超人"就不用说了,他是个外星人。他之所以获得非凡能力,只因他出生于外星球"氪星"。被放射线辐射污染的蜘蛛咬伤后,彼得·帕克的身体发生了变化,"蜘蛛侠"被赋予了超能力。"神奇四侠"是作家斯坦·李和艺术家杰克·柯比为"漫威漫画"创建的第一个超人团队,他们在执行太空任务的过程中被宇宙射线辐射后获得了超能力。在这四个人中,"神奇先生"是一个书呆子,他的身体可以变成他能想象到的任何形状;"隐形女"(向H.G.威尔斯的《隐形人》致敬)有隐身大法,同时能控制和发动强大的力场;"霹雳火"能够用火焰包裹身体并发起进攻;怪物般的"石头人"拥有超乎众人的耐力和力量。各路作家就是通过这种方式,把他们心目中的"后人类"的形象表现出来。"后人类"族类繁多，有经过"物竞天择、适者生存"淘汰后生存下来的人类，也有拉马克式的超人。拉马克认为创造性的进化在不经意间就可以完成，生物后天获得的能力是可以遗传给后代的——假如他们有性能力的话。

也许你料想不到，在开始的时候，超人们的创作者都很保守，他们笔下的英雄被描绘成彻头彻尾的恶棍。由于对当代人类状况的不满，许多作家认为自己具有原始超人的眼界，所以渐渐转向"进步"。如果我们相信自己可以变成超人，那么这个理念是多么的诱人。

当然，这些良性的"进步"，让一些超人在所难免地丢掉了激情。"超人"谨小慎微，无欲无求，美国队长也不再沉湎于酒色。所以杰克·柯比成为20世纪60年代的天才领袖，他创造出了超级英雄的"反英雄"。这些"反英雄"有七情六欲，也有不端行为，有时甚至根据剧情而反转，变成大恶棍。

绘本小说中更复杂的超人也是这么发展过来的。在弗兰克·米勒的《蝙蝠侠：黑暗骑士归来》和艾伦·摩尔的《守望者》等具有里程碑意义的刊物中，一股新生的创造力诞生了。这些小说不约而同地直面一个问题：如果科学，或是纯粹偶然的机缘，赋予了我们超人的身份，人类社会会变成什么样子。这一切，多么错综复杂，多么腐化邪恶，多么让人身心疲惫。

在漫威超级英雄电子游戏中，里面的英雄人物的力量来源一般有五个：外星人（如"超人"和雷神）、变形人（蜘蛛侠和神奇四侠）、机器人（如幻视侠）、变种人（如X战警，这是当然的），以及高科技奇迹（如钢铁侠和蝙蝠侠）。这类角色一经问世，便已是可望而不可即的人物。但随着21世纪初的神速变化，这五种超级力量中的三种——高科技奇迹、机器人和变形人——已慢慢接地气。这个结论是这么得来的：如果量子隧穿可以让蝌蚪瞬间长成青蛙，那么它也可以用来加速弹伤或刀伤的愈合。既然智能穿戴式的辅助装置现在可以应用于残障人士身上，那么人类用上飞行套装的日子肯定不会太遥远。

经过多年的缓慢发展，人工智能终于在 2015 年迎来了转折。这一年，谷歌的"DeepMind"仅用两个小时就学会了五十多款经典电子游戏，而大多数人要达到这个水平需要两年时间。看来，我们距离科学超能力也就一步之遥。但是，在拥有超人的能力之前，我们需要提高道德水准，确保我们沿着超人的正确方向前进，不能重蹈超级恶棍的覆辙。

02

《杀手》：
基因工程能产生超级士兵吗？

"这些像人一样的生物实际上仅仅是兽性的怪物，仅仅是人类的怪诞仿制品，我对它们的任何可能性都心怀不安。这点比看得见摸得着的恐惧要糟糕得多。"

——H.G. 威尔斯，《莫罗博士的岛》

"接着，一个最疯狂的仪式开始了。黑暗中的声音开始吟诵连串祷文，一行接着一行，我和其他人也跟着不停吟诵。他们一边吟诵，一边左右摇摆，双手拍膝，举止怪诞。而我，也只能东施效颦，有样学样。当时我曾想过我已不在人世，而是到了另一个世界。漆黑的小屋里，怪诞的身影若隐若现，偶尔有一丝光线掠过，才看到他们零散坐落在四周。他们整齐划一，左右摇摆，齐声高唱：'不四肢着地。这是律法。我们不是人吗？不喝饮料；这是律法。我们不是人吗？鱼肉不生吃；这是律法。我们不是人吗？不要抓树皮；这是律法。我们不是人吗？不追逐打闹；这是律法。我们不是人吗？'狂热的节奏，让人欲罢不能。我们嘀嘀咕咕，使劲摇曳，嘴里不停念叨这个神奇的律法。表面上我已经被这些野蛮人所感染，但在内心深处，却满是嘲笑和厌恶。"

——H.G. 威尔斯，《莫罗博士的岛》

第四部分　怪　物

"但事情就是这样——创造超级士兵丝毫没有理性意义。首先，你创建这个群体，唯一的目的就是打仗。那么，在和平时期，你到底要他们做什么呢？把他们装在盒子里吗？这还是在你可以控制他们的情况下。如果他们没有倒退到心甘情愿被奴役的状态，或者哪天他们兽性大发，你怎么能让他们对你俯首帖耳，瞻予马首，渺小而脆弱的人类将军先生？"

——游戏评论家"零标点符号"，摘自"The Escapist"网站

"我想我在今年的《战术村》中找到了自己的角色。女士们先生们，有请英国特工、弹道学专家'雷克斯·白金汉'。"

——"神烦警探"杰克·佩拉尔塔，《布鲁克林 9-9》

基因工程

如果转基因超级士兵如描述的那样比核弹还糟糕，那么你该明白是时候担心了。现代人对这种转基因超级士兵的执着始于科幻小说。H.G. 威尔斯 1896 年的小说《莫罗博士之岛》是这类小说的鼻祖。书中描绘了一位疯狂的大夫莫罗博士秘密进行一项外科实验，目的是将动物变成人类。虽然他的目标是创造一个没有恶意的种族，但博士自欺欺人的试验却造出了一个半人半兽的物种。这个物种住在岛上的丛林中，只听从莫罗博士的使唤。在科幻小说中，各种岛屿似乎扮演着举足轻重的角色。岛屿有边界，作者可以把它当作一个浓缩的国度。在这个国度里，科技成果和政治理论都可以派上用场，来自世界各地的岛外游客也可以驻足欣赏。柏拉图提到的"亚特兰蒂斯"就是这样的，类似的还有托马斯·莫尔的《乌托邦》，威廉·戈尔丁的《苍蝇之王》以及电影《侏罗纪公园》。

在早期，以"人造物种"为主题的小说并不多。威尔斯的《莫罗博士之岛》算得上是出色的典范。该书是在科学界就动物活体解剖是否可行进行激烈辩论的时候写的。当时有人甚至成立了施压团体来面对这个问题："英国废除活体解剖联盟"在威尔斯这本影

响力颇深的小说出版两年后成立。在1883年,"美国反活体解剖协会"成立。

1924年之前,人们对遗传学的生物和化学知识知之甚少。即便如此,英国生物学家霍尔丹还是洞见了基因的前景。他的《代达罗斯,或科学与未来》很有预见性。书中预言,总有一天,科学家可以找到解决世界食物短缺的办法;从人造子宫出生的改良婴儿将意味着我们人类在优生优育方面有长足的进步。霍尔丹是一位敏锐而精明的科普学者。他知道,对基因直接操纵带来的"亵渎神灵的怪胎",会引发强烈的社会反应。这点还让他说中了。

霍尔丹是托马斯·亨利·赫胥黎夫妇的朋友。赫胥黎曾是一位狂热的达尔文主义者,被称为"达尔文的斗牛犬",他是"不可知论者"的创造者,他的关于人类祖先的论述给公众留下了深刻的印象。赫胥黎先后在师范科学院和皇家科学学院给威尔斯上过课。霍尔丹关于代达罗斯的乐观想法,如体外发育(胎儿在人造子宫中的生长),极大地影响了《美丽新世界》的作者,他是托马斯·亨利·赫胥黎的孙子,阿道司·赫胥黎。在这个"新世界"当中,体外胚胎在出生前就已经被划分为"阿尔法(α)""贝塔(β)""伽马(γ)""德尔塔(δ)""厄普西隆(ε)"[注]等阶层。阿道司·赫胥黎通过隐藏着黑暗秘密的应用遗传学,提出了一个既没有战争和贫困,也没有痛苦的未来。在这个未来里,没有遗传变异,也没有种族之分。他的兄弟朱利安·赫胥黎——威尔斯和霍尔丹的朋友——也延续这条主线写出了《组织文化之王》这本著名的小说。

到20世纪50年代,遗传密码被破解,DNA密码也被破译,细菌的基因工程已是司空见惯。但霍尔丹的预言依然灵验。尽管科幻小说存在着技术崇拜,但对基因工程正面描述的小说为数不多。不出所料,1960年后,新一波小说浪潮开始出现。大众对生物工程的焦虑,体现在以《末日守望》为代表的BBC系列片当中,该片讲述的是一个特殊政府部门的故事,这个部门致力于保护世界,让其免受无原则的科学研究带来的侵害。

[注] 原文没有"厄普西隆(ε)",加上去是为了完整性。 ——译者注

第四部分 怪 物

　　随着基因研究技术的快速进展，作家们对正规实验室中的真实情况有了更好的了解。迈克尔·克莱顿的《下一个》是一部关于生物工程技术的惊悚小说。克莱顿在书中讲述了一个充斥着基因研究的世界，那里有贪婪的企业，有法律规范的冲突，政府和私人机构每年在基因研究上耗资数十亿美元。一位基因研究员弄出了一只转基因类人猿，这只类人猿有部分人类特征，心理发育水平和幼儿差不多。为了不让这只类人猿的基因构成暴露，研究员倾全家之力，把这只"喀迈拉"①养了起来。故事还讲到了一家一流的基因研究公司卷入了一场与一名癌症幸存者的官司中，因为这位幸存者的细胞是在本人不知情的情况下被提取的。该公司还开发了一种"催熟"基因，可以对社会上行为不端的人进行行为矫正，让他们成为有头脑、有担当的人。我们再来看看《杀手》。这是一款成功的产品，它包括六款电子游戏以及几部周边电影。故事是围绕一个完美的刺客、一个毫无瑕疵的转基因职业杀手展开的。这是我们的未来吗？这个未来，可怕而怪异。贩卖基因的科学家、靠生物技术牟利的暴发户，把我们带入一个奇怪的道德沙漠，沙漠里到处都是克隆出来的刺客，而且还逍遥法外。这样的未来也许真的会发生。

---

① 古希腊神话中狮头、羊身、蛇尾的吐火怪物。——译者注

03

查尔斯·泽维尔教授：
未来的人类会进化出通灵能力吗？

"我的名字是查尔斯·泽维尔。我是变种人。曾经，我有一个梦想……梦想在这个世界上，全球所有的孩子，无论是变种人还是正常人，都能和睦相处……可以肯定的是，新一代的变种人正在诞生。他们将被称为怪胎，也就是基因怪物。但不论是闹市荒村，还是沙漠丛林，他们将无处不在。只要他们存在，他们就需要老师，帮助他们克制情绪，教他们利用好奇特的禀赋。他们需要我们。"

——克里斯·克雷蒙，《圣剑》

查尔斯·泽维尔教授："突变，是我们进化的关键。它让我们能够进化成主宰地球上的物种。这个过程通常需要数千年。但每隔几百年，进化就会向前一大步。"

——大卫·海特，《X战警》剧本

"突变和染色体的变异在每个物种内都以一定的速率发生，它们供给了进化的基本原料。但是进化包含的元素远比变异的起源多得多。突变和染色体变异的产生只是进化过程的第一阶段，或者是第一个台阶。突变一旦发生，就被灌注到群体的基因库中去了；它们进一步的命运，则取决于群体生理的动态调节。突变可能在发生后就马上丢失或增加速率，这（在隐性突变的情况下）与突变的好与坏的结果无关。在选择、迁移和地理隔离的影响下，结果把这群体的遗传结构铸成了新的形式，以符合于物种的居住环境和生态条件，尤其是符合于它的生育习性，这是进化过程的第二阶段。在这个过程中，由于环境的冲击，在生活群体中便产生了历史性的变化。"

——T. 杜布赞斯基，《遗传学与物种起源》

"我们都是生存机器——作为运载工具的机器人，其程序是盲目编制的，为的是永久保存所谓基因这种秉性自私的分子。这是真理，至今仍让我感到惊讶。"

——理查德·道金斯，《自私的基因》

通灵能力

X 教授。一个具有通灵能力的变种人，他能够阅读他人的思维，且能将他的思想注入半径 300 千米开外的其他人的脑子里。别看他头发稀少，他可是世界上最强大的传心者。查尔斯·弗朗西斯·泽维尔教授是虚构世界中名副其实的"斯蒂芬·霍金"，在基因突变、遗传学和通灵能力这几个方面，他是"领头羊"。在其他学科，他也是个学术达人。我们可能很困惑：创造 X 教授这样的好人角色，其文化根源是什么？

嗯，首先，超能力神秘主义已经和我们相伴了几个世纪。牛顿如果没有受到远距离神秘运动的启发，可能就不会在 17 世纪末期发现万有引力。牛顿关于物体之间存在作用力和反作用力的神秘力量的理论，给英国经济学家约翰·梅纳德·凯恩斯带来了深刻的影响。凯恩斯找到了牛顿关于炼金术的许多著作，这表明牛顿可能是理性时代的最后一位魔法师。

通灵能力的另一面是精神控制。在郁闷的时候，这样的想法肯定让我们很多人充满了期待。比如，你参加某个部门会议，听到某个无趣的销售经理在滔滔不绝地谈论哈萨克斯坦的锰矿产能，或对其他问题高谈阔论。这个时候，让他闭嘴是第一要务。你可能

科幻小说中的科学

会有一种冲动：把你的所思所想，用邪恶的方式灌输到他脑子里，并把他过于发达的语言中枢关闭掉。这个冲动有点儿让人无法接受。不过，有这种想法的也许不止你一个人。19世纪初，德国医生弗朗茨·安东·梅斯梅尔发现了所谓的"动物磁力"也就是"催眠术"。从那时候开始，控制他人思想的痴迷在美国风靡一时。梅斯梅尔的理论和实践催生了1842年催眠术——催眠他人或"迷住"他人的法术。

科幻小说的精神控制手段，不外乎就是自然和人工。福特·麦考密克的《三月野兔任务》中提到了一种精神控制药物——"忘忧药"。这个药可以清除服用者的短期记忆。这对刚才说的那位无趣的销售经理来说很奏效，你只需趁茶歇的时候把药加到他的咖啡里就行了。

阿瑟·C.克拉克在1954年的《专利申请中》一书中描述了一种机械方法，可以把记忆和思想记录下来，供日后使用。《侏罗纪公园》的作者迈克尔·克莱顿写的《终端人》也尝试了类似的做法：神经学家试图通过植入电极来控制大脑。在现实中，洗脑就是转变他人的信念。科幻小说中的想法也是如出一辙，通过自然或机械操控手段，可以改变受试者的所见所闻，还可以改变他所经历之事。这些手段甚至可以穿透到我们所谓的"内在良知"。

人类未来的进化会是什么样？我们是否能够像X教授一样，可以读心，可以和其他人进行思想交流？这种心灵感应似乎表明，思想可以在大脑之间来回传递。这意味着我们的思想不需要像智能手机那样，转换为电磁辐射。所以，这种能力不太可能得到进化。

在我们这个星球上，与心灵感应最接近的是"鲨鱼感知"。鲨鱼和其他少量生物已经进化出了电敏性。它们身上有一个器官，名为"洛伦齐尼瓮"。掠食性鲨鱼在捕食的时候，猎物为了逃避，会快速把自己埋到海底的沙堆里。然而"是祸躲不过"，鲨鱼身上的"洛伦齐尼翁"能侦测到这些猎物发出的神经脉冲，从而锁定猎物。不过，脑对脑的直接"读心"，需要某种传递媒介。即使有一个潜在的交流频道，正在"聊天"的大脑也需要"配对"——换而言之，两个大脑中同类神经细胞必须具有完全相同的目标。

第四部分　怪　物

这就把事情复杂化了,哪怕对 X 教授也是如此。

以同卵双胞胎为例。他们通常被认为彼此具有心灵感应,但即便如此,在他们的成长过程中,他们的经历也会迥异。正是这种迥异让每个大脑具有不同的神经细胞链,有无数种不同的内涵。因此,就算是"催眠",每个人都存在差别。

现在,我们设身处地,把自己放在 X 教授的位置上。我们必须与众多大脑进行协商。而这些大脑一生的经历不同,所以就会产生一系列不同的心理结构。这些思想之间的共振将使信息很难从某个人传递给某个"X 教授"。因而,突变思想也将像人脑一样千差万别。

不过,未来还有最后一线希望。技术性的心灵感应的前景更为广阔些。我们也许能够设计出"湿件"——连接人脑和人工系统的计算机应用程序,比如,内部调制解调器可以把消息发送给植入头部的另一个解调器。然后,第二台设备会将信息发送给下一个人。对于外行人来说,这就是具有心灵感应的"通灵"。

04

《X战警》：
未来会有变种人吗？

"一些高度发达的甲壳类动物以身旁的液体为食物，所以这些动物的整个消化道已经结成了百无一用的绳条。有仆人用盘子端食物给他喂食，'百万年的人'没什么不开心的，他只管咀嚼、吞咽、消化，然后就万事大吉了。他天天泡在琥珀色的液体里，这些液体就是没有污染的食物，他身上也没有废料通过身上的毛孔排泄。他嘴巴缩成玫瑰花蕾的形状，牙齿消失了，鼻子也快没了——现在的鼻子也不像往日那么大了。耳朵也会消失，双耳已经在原来的基础上折叠起来，只剩下那么一丁点儿痕迹，这点儿痕迹是在提醒大家：在很久以前，他的耳朵又长又尖，前倾而后弯，以方便捕捉周边敌人的声音。"

——H.G. 威尔斯，《世界》之《百万年的人》

"如果反思人类历史上的疯狂行为，我们会发现，智人似乎极有可能是一个生物怪胎，这是进化过程中某个重大失误带来的后果。古代的原罪教义在不同文化的神话中有不同的表现，这可能反映了人类意识到自己的不足，反映了人类的预感——在人类发展的道路上的某个环节出现了问题。"

——阿瑟·库斯勒，《机器中的幽灵》

"进化或遗传变化的时间尺度非常长。从一个先进物种进化到另外一个先进物种，其特征显现时期可能是十万年。而且，密切相关的物种（例如狮子和老虎）之间的行为差异似乎不是很大。但今天，我们没有一千万年的时间去等待下一次进化。我们所处的时代，日新月异，前所未有。这一切变化，都是我们造就的，这点不容忽视。我们要调整心态，适应变化，要学会掌控，否则我们就会灭亡。"

——卡尔·萨根，《伊甸园之龙：人类智能进化的推测》

"很有可能，在10万年后，人类要么回归野蛮，要么文明将超越所有人类的认知——例如，移民外太空。无论是哪种情形，以当前条件为基础的进化推论可能有很强的误导性……进化从不展望未来。"

——理查德·道金斯，《人类的进化未来》

变种人

  这是一个关于达尔文的奇闻逸事，你也许从未听说过。有一天，达尔文偶然读到了一个关于浑身是毛的人类家族的报告。我们在这里所说的"毛"可不是一点点毛发，我们说的，是几个不幸的人。他们从头到脚都是毛发，毛发多到连脸都要用梳子梳理。光是买洗发水，他们都要花不少钱，而且每次"梳头"也很费时。这些人长相奇特，大家都争相一睹尊容。就这样，他们爷孙四代被关在缅甸的宫廷里，供人耍宝逗乐。达尔文对这些超毛猿类感到十分困惑。他想知道这些人为什么有这样的体质，而且全身长毛发这种现象还能遗传。

  关于人类外形的差异性和他者性，生物学家从进化历史中得到了很好的例证。比如，连体双胞胎——出生时融合在一起的同卵双胞胎；或者那些独眼畸形者——他们生来就有一只眼睛，如荷马笔下著名的独眼巨人；或者那些患有并腿畸胎综合征的人——他们下肢融合在一起，也被称为"人鱼体序列征"。这些人归根结底就是变种人。突变是大

第四部分 怪 物

自然的核心，这点达尔文的贡献不小。如果没有基因突变，地球上的动植物都不会以自己的方式存在，也不会一代接一代不间断地按照自己的方式发展和进化。在《X 战警》系列中，变种人动不动就被一些人视为怪物，然而这些人却忽略了，我们本身就是变种人，无一例外。

我们将来究竟如何变异，是科幻小说津津乐道的话题。在《时间机器》一书中，H.G. 威尔斯认为，英国社会阶层将有巨大的鸿沟，最终会导致不同阶层进化成为不同的人类物种，而且每个物种将会以自身的方式变异。威尔斯所说的未来的人类形态之一是被称为"莫洛克人"的穴居变种人。威尔斯把他们归为"猿类"。这些"猿类"长得怒目圆睁。他们浑身茸毛，衣不遮体。至于"莫洛克人"是不是满脸长毛，每天还要梳理一番，那就不清楚了，但他们肯定是科幻小说中最早的变种人之一。

最近的变种人是"绿巨人"，也就是大家常说的"强变种人"，因为他的基因突变属于"加速"模式，而不是大家熟知的乏味的渐进模式。自然，"绿巨人"被 γ 射线污染了。X 战警成员的遗传基因中具有一个产生突变的"X 基因"，导致他们有异于常人的禀赋。有时候，基因突变似乎是辐射污染导致的。

提到最微妙的变种形态，《神秘博士》中的"戴力克"当仁不让，至少在某些方面是当之无愧。你开始也许并不知道，"戴力克"其实是个赛博人，隐藏在坚如磐石的机器人外壳里，但在这个外壳之下，却隐藏着一只章鱼般的地外生物 Kaleds。Kaleds 是变种人，是来自"死亡星球"的外星人，经邪恶科学家达夫罗斯精心改造后威力无比。在最后一次改造中，Kaleds 被夺去了同情心。是的，没错，他就是故意把他变成了冷漠的怪物（尽管你会认为，凭他们手头所有的高能技术，对付这个可怕的"发音盒"还是绰绰有余的）。"戴力克"是基因突变的反面教材。他们就像赛博人当中的纳粹，天生就自视为宇宙中至高无上的种族，并企图统治或消灭"次等"族类。

至于变种人会变成什么样，那是另一回事。我们对我们变种人的未来抱有期望，这都要归功于科幻小说中的超人和 X 战警的影响力。然而，有一些科学家认为，人类的进化已经结束。伦敦大学的史蒂夫·琼斯教授认为，人类进化已经进入乌托邦阶段，或者非常接近乌托邦阶段。这个观点是琼斯教授在伦敦大学达尔文楼报告厅演讲时提出的。这个观点可谓用心良苦，但也令数千万科幻小说迷失望。琼斯的观点是基于生物进化三要素的基础上提出的，这三个要素是自然选择、随机漂变和基因突变。

关于自然选择，琼斯教授说："在古代，约有一半的孩子活不到 20 岁。而现在，在很多国家，98% 的人活到 21 岁以上。我们现在的预期寿命已经很长了，即使没有了意外或传染病，人的寿命也只是增加两年而已。自然选择不再将'死亡'当作信手拈来的工具。"

关于随机漂变，琼斯教授认为，这种机会已经很渺小："被人经常遗忘的随机性是进化中的重要组成部分。根据动物王国的规则，人类的数量应当只有当今人口数量的万分之一。所以，人口数量达到现在的规模，都应归功于农业的发展。如果没有农业，世界人口数量现在可能只有 50 万，与苏格兰格拉斯哥的人口规模相差无几。因为基因会意外丢失，所以孤立的小群体会发生随机漂变——进化。在世界范围内，所有群体之间都有联系，随机漂变因此逐步减弱。历史是在床上创造的，如今，床和床之间的距离越来越近。近亲繁殖越来越少，几乎每个地方都是如此。在英国，大约有一半是异族婚姻，英国已是世界上种姓开放程度最高的国家之一。㊀我们正在融入一个全球性的群体，未来人类的肤色可能只有一种——棕色。"

最后，就是通过基因突变带来的进化。X 战警的超能力是曙光乍现？琼斯教授可不这么认为："基因突变也在逐渐放缓。是的，这其中有化学和放射性污染的原因——但最重要的诱变剂之一是老年群体。对于一个 29 岁（西方国家的平均育龄）的父亲来说，孕育他本人的精子和他后代的精子之间有大约 300 次分裂——每一次分裂都可能会出现'错误'。而对于一个 50 岁的父亲来说，这个数字远远超过 1000。因此，大龄父亲数量

㊀ 原文是"英国每 50 桩婚姻当中约有一桩是异族婚姻"，疑是作者笔误。——译者注

第四部分 怪 物

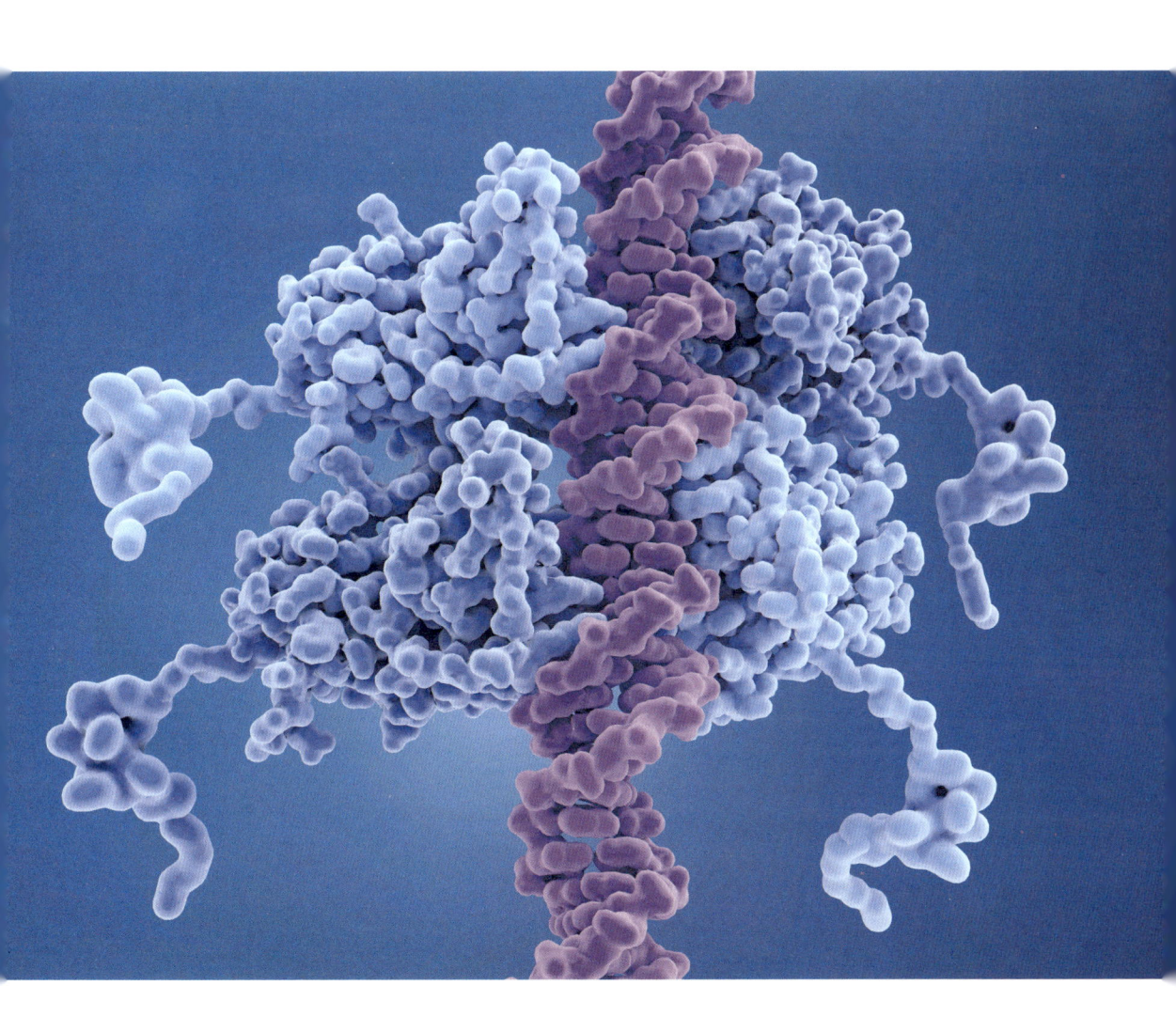

在减少,这将对基因突变速率产生重大影响。也许很多人会惊讶,现在的生育年龄已经下降了吗?是的,从当前的男性平均生育年龄来看,大多数人在 35 岁以后就不再生育。'老来得子'的男性越来越少,意味着基因突变——如果有的话——正在减缓。因此,如果你为出现乌托邦而忧虑,那大可不必。至少在很多国家,至少在目前,人类还会像现在这样活着。"

05

《黑色孤儿》：
人类克隆的未来会是什么样？

"我们生活在一个科幻的世界里，有克隆和面部移植之类的东西，一切似乎变得越来越奇怪。"

——英国的科幻作家阿拉斯泰尔·雷诺兹，"威尔士在线"网站

"诸多评论家普遍看好《黑色孤儿》晦涩难懂的新一季——一部讲述来自世界各地长相酷似的孤儿的电视剧——但是，除了这部剧本身，这些评论家还对塔蒂亚娜·马斯拉尼这位演技超棒的明星大加赞赏。她扮演过很多次克隆人的角色。一般而言，对于低调但高质量的电视剧，评论家是首先站出来支持的人……"

——蒂姆·古德曼，好莱坞记者

"科学带来的最让人担心的事情是克隆人，以及行为控制、基因工程、头部移植、电脑作诗，还有无节制生长的塑料花。"

——刘易斯·托马斯，《长细胞系：论文集》

第四部分 怪 物

副本，副本

在人类历史上，从希腊哲学中的古代世界，到我们今天用于上传到电子游戏中的肖像，"副本"的概念可谓无处不在。自古以来，我们对"模拟"的探索也从未停止。柏拉图认为，我们看得见摸得着的世界只不过是一个副本，是思想世界的反映，而思想世界才是真正的现实。对于柏拉图来说，特定事物的图像只是一个不断变化的展示，就像投射在墙上的阴影一样。另一个古老的说法是"酷似活人的幽灵"的存在，这同样令人不安。这个"幽灵"是一个精神体、一个副本，和活人长相一模一样。这个说法听起来没什么可怕之处，但问题在于，人在临死前往往会看得到这个"副本"！《弗兰肯斯坦》的作者玛丽·雪莱写道，她的丈夫、浪漫主义诗人珀西·雪莱在溺水去世前两周看到了他自己的"幽灵"。

有学者指出，克隆在历史上早已有之。正如英国生物学家理查德·道金斯所说的那样，同卵双胞胎也许就是克隆人。当单个受精卵分裂成两个单独的胚胎时，就会产生双胞胎。不同的是"克隆"的结果是产生完全相同的副本，而双胞胎则不是。同卵双胞胎的基因完全相同，但外表和性格有所差异。据说，公元前770年，古罗马的创始人罗慕路斯和雷穆斯就是双胞胎。有传言称罗慕路斯杀死了他的兄弟，这一行为可能就是导致后世小说对"邪恶双胞胎"津津乐道的原因。

在早期电影中，"邪恶双胞胎"一度盛行。著名的英国喜剧演员查理·卓别林的一部电影就是例子。对于法西斯，讽刺是打击的绝佳方式，喜剧是抗议的鲜活手法。卓别林也是通过这种方式嘲讽阿道夫·希特勒。在1940年的反纳粹电影《大独裁者》中，卓别林饰演一位可怜的犹太理发师，他与映射希特勒的独裁者阿登诺伊德·亨克尔长相酷似（甚至可以说是"酷似活人的幽灵"）。让剧组感到困扰的是，影片在拍摄阶段，就冒出了片审和发行的问题。卓别林在1964年的自传中写道："《大独裁者》拍摄到一半，我就

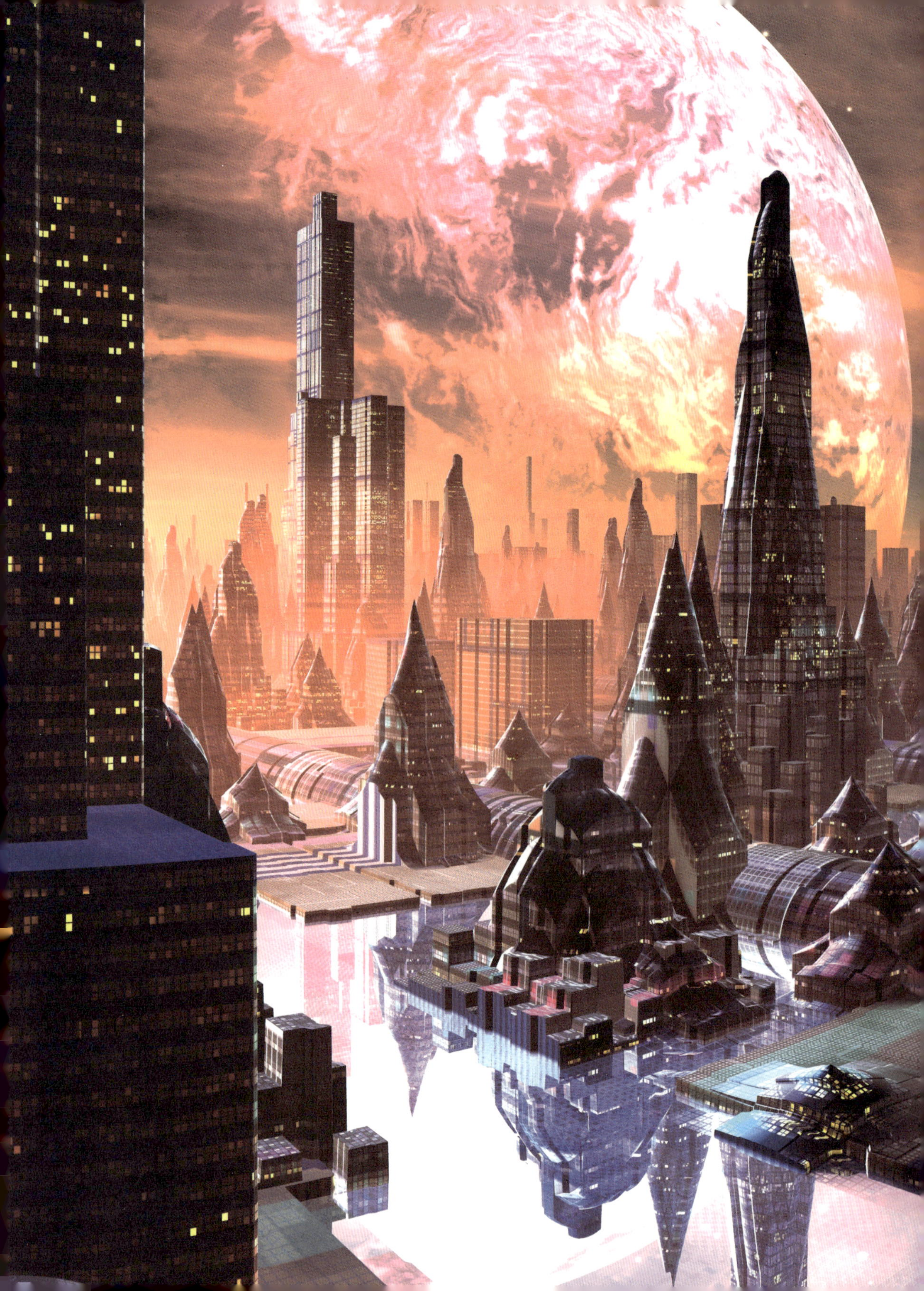

科幻小说中的科学

陆续收到来自联美电影公司的警告。海斯检查处[一]告诉他们，我会在审查方面碰到麻烦。此外，海斯检查处非常关注反希特勒的影片，能否在英国上映是个疑问。但我决心继续拍摄，因为希特勒必须被耻笑。"

人类克隆的题材一旦开启，科幻小说中的"克隆"主题便一发不可收拾，一举超越了"复制"和"酷似活人的幽灵"。电影《来自巴西的男孩》就是一个很好的例子。该片讲述了一个疯狂的医生试图克隆希特勒并建立第四帝国的故事。

克隆时代即将到来。科学家首先从克隆动物的研究着手。就在动物克隆成功之前，美国作家迈克尔·克莱顿写了《侏罗纪公园》。和玛丽·雪莱早年的《弗兰肯斯坦》一样，《侏罗纪公园》告诫人类不要破坏大自然。《侏罗纪公园》写于1990年，三年后同名电影隆重上映。影片当然是描写恐龙的，但这个闻名遐迩的主题公园中的怪物是克隆恐龙，从而引发了各种前所未有的混乱。

混乱归混乱，1996年7月5日，第一个人工克隆的哺乳动物还是来到了世上。多莉羊是由从母羊的乳腺细胞中提取的DNA发育而成的。母羊品种是芬兰多塞特绵羊，但"多莉"这个名字来自美国著名的乡村歌手多莉·帕顿。克隆动物不仅有助于保护濒危物种，也有助于人体组织克隆的研究。

然而，问题依然悬而未决：如果将来人类克隆切实可行，那么克隆会惠及全民吗？还是只会让那些担得起费用的人受益？电影《永不放手》是另一段历史，影片中的克隆人是专门为自然出生的人类提供人体器官而培育的，尽管这些克隆人本身就是活蹦乱跳的一群人。当然，克隆人也在《星球大战》中扮演了重要角色。《克隆人战争》是卢卡斯影业公司的第一部周播剧，在这场战争中，克隆人被迅速武装成一支训练有素的敢死队，比敌方使用的机器人善战多了。

最后，关于人类克隆的未来，我们应好好审视行为遗传学四定律对同卵双胞胎的影

[一] 1922年美国建立的电影检查处，因主管人威尔·海斯（Will Hays）而得名。——译者注

响。"定律一"指出，一切特征都是部分遗传。同样是分开抚养，同卵双胞胎比异卵双胞胎更相似。"定律二"指出，基因的作用大于共享环境的作用。成年以后，同样是同卵双胞胎，一起长大的并不比分开长大的长相更相似。"定律三"指出，行为特征的差异不归结于基因或共享环境，这意味着一起抚养长大的同卵双胞胎并不是真正相同。"定律四"指出，复杂的特征通常由数量庞大但影响力微弱的基因共同塑造。例如，没有一组普通基因可以把智商影响到某个特定值（比如五个点），但是，成千上万的基因却足以影响到智商的数值。正如玛丽·雪莱曾经说过的那样，技术是一把双刃剑，有利也有弊。从行为遗传学四定律中可以清楚地看出，克隆将产生难以预测的后果，这意味着科幻小说在未来几十年内将有很大的发挥余地。